# estou estressada!

DOLORES COTAL

# estou estressada!

Paulinas

**Dados Internacionais de Catalogação na Publicação (CIP)**
**(Câmara Brasileira do Livro, SP, Brasil)**

Cotal, Dolores
  Estou estressada! / Dolores Cotal ; [tradução Jonas Pereira dos Santos].
– São Paulo : Paulinas, 2012. – (Coleção papo de mulher)

  Título original: Estoy estresada!
  ISBN 978-85-356-3340-5

  1. Atualidades  2. Crescimento pessoal  3. Conduta de vida  4. Realização pessoal  5. Vida I. Título. II. Série.

  12-11492                                                    CDD-158.1

**Índice para catálogo sistemático:**
1. Autorrealização : Psicologia aplicada    158.1

Título original: *Estoy estresada!*
© Ediciones Granica, divisão do Grupo Editorial Norma de America Latina

1ª edição – 2012

Direção-geral: *Bernadete Boff*
Editora responsável: *Andréia Schweitzer*
Tradução: *Jonas Pereira dos Santos*
Copidesque: *Mônica Elaine G. S. da Costa*
Coordenação de revisão: *Marina Mendonça*
Revisão: *Sandra Sinzato e Ruth Mitzuie Kluska*
Gerente de produção: *Felício Calegaro Neto*
Assistente de arte: *Ana Karina Rodrigues Caetano*
Projeto gráfico: *Telma Custódio*

*Nenhuma parte desta obra poderá ser reproduzida ou transmitida por qualquer forma e/ou quaisquer meios (eletrônico ou mecânico, incluindo fotocópia e gravação) ou arquivada em qualquer sistema ou banco de dados sem permissão escrita da Editora. Direitos reservados.*

Paulinas
Rua Dona Inácia Uchoa, 62
04110-020 – São Paulo – SP (Brasil)
Tel.: (11) 2125-3500
http://www.paulinas.org.br – editora@paulinas.com.br
Telemarketing e SAC: 0800-7010081

© Pia Sociedade Filhas de São Paulo – São Paulo, 2012

# c a p í t u l o
# 1

– Mami, hoje é sábado, não é? Não vou à escola.

– Siiiiim, meu amor. Hoje é sábado, você não vai à escola.

– Oba! – Maya se afasta dando pulinhos pelo corredor.

– Como não vai à escola? Hoje é quinta-feira!

Adoro acordar devagarzinho para saborear esse momento entre o sonho e a vigília, o único momento preguiçoso do dia. Mas hoje perdi a hora de novo. Em vez do botão "soneca", apertei o botão de desligar o despertador, e desliguei com ele. São oito e meia, e Maya entra na escola às nove, nove e cinco, no máximo. Nunca pego no sono, ou quase nunca, só uma vez ou outra. E sempre porque o despertador me tira do sério. Hoje vou ter de pegar um táxi para percorrer as cinco quadras que me separam da escola e chegar a tempo. Enquanto Maya se veste, enfio-lhe na boca um pãozinho de queijo. Pego a roupa que usei ontem para não ter de pensar e me visto sem tomar banho. Detesto sair de casa sem tomar banho!

Ser mãe ou pai separado tem dessas coisas. Tudo depende de você. Por melhor que seja a relação com o "ex" – o que já tem seu mérito –, quando o despertador toca de manhã, é você que tem de convencer seu filho, ou seus filhos, a se vestir. E contar uma história à noite, na hora de dormir, também é tarefa sua. A menos que tenha encontrado outro parceiro... Aí a situação muda de figura. Eu, se agora tivesse de escrever uma carta para o Papai Noel, diria o seguinte: "Querido Papai Noel, bem que me podia aparecer agora um homem bonito, inteligente, divertido, educado, sexy e carinhoso, não tão impulsivo quanto eu, e que, principalmente, curta a companhia de crianças por mais de três horas seguidas".

Claro que neste exato momento não tenho tempo para essas bobagens. A prioridade número um é chegar à escola de Maya às 9 horas. A prioridade número dois é que hoje eu tenho uma reunião de trabalho importantíssima. A primeira em sete anos. Será por acaso que Maya tem 6?

– Mami, você não colocou meu maiô na mochila e hoje eu tenho natação.

Onde será que eu coloquei o maiô da Maya?

O que aconteceu comigo é o que acontece com muitas mães. Antes de minha filha nascer, eu e meu marido, David, fizemos as típicas perguntas que todos os pais de primeira viagem se fazem: "Como vamos dividir o tempo com o bebê?", "Que tipo de educação queremos para nosso filho?", "Quem ficará com a criança quando ela adoecer"... Muitas dessas questões, mais que dúvidas, foram resolvidas por afirmações taxativas de meu marido: "Você pode se organizar com mais facilidade; então é melhor que ela fique com você". Eu, levada pelo instinto maternal, assumi o compromisso sem maiores discussões. Além disso, dizia a mim mesma que era verdade. "Sou restauradora de arte, posso até levar o trabalho para casa. Ele supervisiona uma clínica e, como costuma dizer, de sua sala comanda todo mundo; além do que o ambiente não é exatamente agradável". Por outro lado, queria me dedicar mais ao bebê, não perder nem um segundo de sua fase de crescimento. Com toda sinceridade, achava que tinha que ser assim. Erro número 1.

Que aconteceu? Pouco a pouco, sem que percebesse, em vez de uma profissional de restauração, comecei a parecer uma amadora que fez um curso por correspondência, a quem os amigos contratam para "pequenos trabalhos". Nos últimos anos ganhei a vida restaurando um quadro herdado de um conhecido, o retábulo da igrejinha do povoado do colega de trabalho de meu primo e algumas encomendas mais importantes feitas por um colega de faculdade que realmente progrediu na profissão. Toda vez que entro no ateliê dele, repleto de telas e quadros, com estantes cheias até o teto de vernizes, anilinas, espátulas e pincéis, e três pessoas trabalhando para ele, fico deprimida e preciso descarregar minha frustração em uma sessão de filmes de terror... da locadora de vídeo, claro. O cinema ficou relegado a noites extraordinárias; é como ir à ópera em uma estreia mundial ou assistir a uma abertura de jogos olímpicos.

Como se não bastasse, quando Maya era pequenininha, eu tinha de fazer meus "recorta, cola e pinta" – como os chamava David, zombando – nas horas mais impróprias, porque não podia trabalhar com as tintas e os solventes com a menina no ateliê. Nunca parei de restaurar, mas perdi as melhores peças. Também meu marido pode dizer a mesma coisa: ele me perdeu. Embora meu trabalho não tenha sido o motivo.

A lei de Murphy entra em cena toda vez que preciso de um táxi na porta de casa: a torrada cai com o lado da manteiga para baixo e os táxis desaparecem apavorados com a possibilidade de que Maya e eu sejamos as passageiras. Certamente sabem nosso endereço e nos evitam. Mas hoje não: é como se o taxista estivesse esperando a gente, e ainda por cima dirigindo um Chrysler:

– Mami, como os de Londres!

É que minha filha é muito viajada. Eu e o pai dela, por causa da separação, nos preocupamos em levá-la para passear sempre que podemos. Consciência pesada. Sim, mas isso também tem a ver com nosso gosto por viagens. Ou vai com ela ou não vai. Melhor ir a um parque de diversões em Londres – e com um pouco de sorte, se madrugar, visitar o British Museum –, do que ficar na esquina de casa, que a gente conhece mais do que a timbalada do Carlinhos Brown.

Já dentro do táxi pensei que, se tivemos essa sorte, é porque o restante do dia não seria nada bom. Desde o momento em que acordo, meu sentimento de culpa trabalha com afinco. A segunda coisa que me veio à mente foi se os peitos de frango retirados do congelador ainda estariam em bom estado para o jantar.

A escola de Maya fica num prédio pequeno e moderno, pintado de cores alegres, com poucos alunos e um pátio.

Gosto da professora e a Associação de Pais e Mestres é atuante, diria mesmo que quase chega a ser excessiva. De fato, há certos pais que sempre fazem objeção quando proponho alguma coisa.

Maya, nem bem sai do táxi, já me abandona, correndo em disparada ao encontro de suas amigas. Os sentimentos maternos são uma coisa bem curiosa: quando o filho chora porque não quer se separar de nós e entrar na creche ficamos de coração partido; mas quando entra correndo na escola sem ao menos olhar para trás, nós o chamamos de ingrato.

Antes de me aproximar dela para dar o beijo de despedida, sou abordada por uma das mães-sargento da APM:

– A mãe da Maya...

Ah, que ódio! Ela sabe o meu nome, mas só chama pelo nome crianças e pessoas sem filhos.

– Diga, mãe de Victor, Marina e... como se chama o gêmeo?

– espinafro-a como vingança, embora logo perceba que ela adora e viro sua refém.

– Mateus. Recebemos da Associação dezoito euros de reembolso por filho. Erramos nos cálculos.

Diz isso como se houvesse sido selado um armistício na Guerra do Vietnã, para não falar de conflitos mais recentes, e ela fosse do vietcongue.

– Ah...

– Mas estamos pensando em guardar esse dinheiro para a festa de formatura, assim poderemos, este ano, colocar dois canhões de espuma, ao invés de um.

– Ah! E por que não converter o dinheiro em horas de estacionamento para as oito da manhã? – sugiro-lhe em termos práticos.

– Já pensamos nisso, mas não é possível, porque o estatuto não admite compensações.

Sim, claro, sempre uma objeção. E Maya já está subindo para a sala de aula. Não me deu nem um beijo, a danadinha.

Não sou das que tomam o café das mães "não-tenho-outra-coisa-a-fazer" na lanchonete ao lado, embora não tenha efetivamente nada a fazer. Prefiro escolher meus amigos, e os pais da escola de Maya com que tenho afinidade são da mesma opinião. A gente se vê, se cumprimenta, se fala, organiza atividades para as crianças, e só. Não tem por que se encontrar fora dessas ocasiões, nem há razão para trocarmos mensagens carinhosas pelo MSN. Eu já tenho muitos amigos aos quais não consigo dar atenção e não quero arrumar outros para lotar minha agenda. Esse é um dos poucos pontos em que meu ex-marido e eu concordamos ainda hoje. Em matéria de amigos, ele não é o mais dedicado do mundo.

Mas juro que, quando estávamos juntos, não me preocupava com isso; enquanto via os meus, ele sabia se virar bem com os dele. Mas nem sempre foi assim. Olhando em perspectiva, tenho a sensação de que, quando David passou alguns anos desempenhando o papel de marido – porque ele faz tudo com o senso do dever –, exercia a função que considerava sua obrigação, a de pilar sólido: trabalho-família-partida-de-futebol e assim por diante, esperando o verão chegar para não fazer nada: uma semana no interior. Eram férias de terceira idade, mas com mais bebida e mais noites em claro. Eu também devia ficar muito chata quando lhe dizia que devíamos ter ido à praia, que me sentia entediada o tempo todo em volta de uma mesa com os amigos de sempre...

Certa vez lhe causei o maior estresse porque fiquei entediada, peguei o carro e lhe disse que iria à praia sozinha: apenas três horas de carro para ir e três para voltar. Deixei-o de molho em casa, em um lugar onde não se faz nada sem carro. Nesse dia havíamos combinado com um casal de ir a um restaurante novo em outra cidadezinha próxima. Antes mesmo de chegar ao pedágio já havia me arrependido da ideia. Voltei uma hora e meia depois. Aquele dia nem comemos.

Certamente que ainda não tomei o café da manhã. Que correria...

Comprei um *croissant* na padaria, quando estava voltando para casa. No trajeto não pude deixar de dar uma paradinha em uma loja de roupas infantis; fiquei encantada com umas meias de listas multicoloridas para Maya, que combinavam com um chapeuzinho muito fofo. Dezoito euros. O dinheiro do canhão de espuma. Eu também tinha de comprar umas meias para mim...

Algumas horas depois estou sentada em uma mesa reservada em nome de José Alberto Pardellas, no Set Porters, um desses restaurantes bacanas de Barcelona. José Alberto foi meu primeiro diretor de projetos, quando fazia estágio em Valladolid, e, em minha opinião, é sem dúvida um dos grandes restauradores do país: além de perfeccionista, tem boa mão, e quando pega alguma peça se entrega a ela, sem se preocupar com o orçamento. Com ele aprendi algo essencial em nosso ofício: a sensibilidade, saber restaurar uma obra de arte na justa medida. Nada que tenha passado pelas mãos de José Alberto parece "novinho em folha" e artificialmente colorizado, mas ao mesmo tempo nunca lhe falta o menor detalhe. Não entrei com pé direito em sua equipe porque, se existe uma qualidade que ele aprecia, é a capacidade de reflexão e ponderação. De uma hora para outra, seu ambiente se tornou pesado pela presença de uma garota espevitada e insolente. Mas houve uma espécie de pacto intuitivo entre os extremos: eu sabia que ele era bom e que a seu lado poderia aprender muito; de mais a mais, uma coisa é ser irrefletida, outra, idiota. Ele soube perceber em mim certas qualidades que estavam mais ou menos encobertas. Funcionou. Após um ano sob sua batuta – seis meses de estágio obrigatório e mais seis como funcionária efetiva –, mantive sua amizade e seus contatos, que são muito bons. Desde então sinto o maior carinho por ele, que tem sido meu mentor e, embora sempre respeite minhas decisões, me estimula constantemente a prosseguir na profissão. Agora tem um cargo importante no Departamento de Patrimônio da Prefeitura de Castela e Leão, e muitos fios brancos na barba.

– Aceita alguma bebida enquanto espera, senhora?

– Não, obrigada. Vou aguardar meu amigo – "e comerei uns croquetes", deveria ter acrescentado.

Desta vez eu sou a que espera. Mas não muito. De repente vejo José Alberto aparecer na porta, com sua elegância costumeira e o olhar tranquilo de quem domina a situação. Tem um sorriso pronto para o garçom que o atende e outro para mim, bem mais efusivo, ambos igualmente francos.

– Olá, menina, desculpe-me pelo atraso. Em Valladolid demora-se menos para atravessar a cidade. Calculei mal. Como você está? – é a única pessoa no mundo, excetuando minha mãe, a quem permito que me chame de "menina".

– Estou bem, muito feliz por vê-lo, ansiosa para ouvir as novidades. Você tem muito trabalho por aqui?

– A verdade é que não. Só vim por causa de umas reuniões, muito distanciadas umas das outras. Ou seja, vou passar quase a semana inteira por aqui, com tempo para alguns passeios, um cineminha e encontros com amigos como você. E tudo pago pelo Governo. Você acha que estou cometendo má administração das verbas do Estado?

– Eu colocaria você na cadeia agora mesmo. É um absurdo você se divertir com o dinheiro público.

– Vou fazer de conta que não ouvi o que você disse. A especialidade da casa é o arroz, não?

– Você deve saber, já veio mais vezes a este restaurante do que eu, senhor gastador de verbas públicas. Então faça os pedidos. Além do mais, a despesa vai ficar por sua conta... espero. E não é machismo não, é necessidade mesmo.

– Espero que chegue o dia em que seu sucesso seja tão grande que não só pague a conta do restaurante, mas também me convide para fazer um passeio pelo Mediterrâneo em seu iate.

– Por ora, o máximo que posso convidá-lo a fazer é canoagem pelo rio Ebro.

– Cris, você sabe que eu e a malhação andamos brigados.

– Claro, sua barriga se antecipou e já me contou.

– Sim, pode tripudiar. Bem, você está disposta a ouvir o que vim lhe dizer?

– Não sei se estou disposta, mas minha curiosidade me mata. Conte!

Nesse mesmo instante o garçom nos serve um drinque em nossas taças de cristal fino e o maître pergunta se já decidimos o que vamos comer.

Incomoda-me tremendamente ser o centro de uma conversa. É algo que sempre me causou mal-estar, desde a época de escola. Por isso, me tornei especialista na arte de ouvir e uma eterna aprendiz na arte da oratória. Com isso quero dizer que, se tiver de exteriorizar meus pensamentos, transformo-os em uma massa desconexa que eu mesma subestimo. Balbucio trechos de frases, banalizo o que fiz e resumo tudo em um enunciado raso e sem vida, mesmo que seja algo bombástico. Se eu tivesse de contar algo do tipo: "Conheci um cara maravilhoso que se apaixonou perdidamente por mim e eu engravidei, mas na hora do parto os médicos se enganaram e me amputaram uma perna", minha escassa ênfase faria com que a reação do meu interlocutor fosse: "Ah, bom, mas você está bem, não está?".

Assim, ficar desde o aperitivo até o café ouvindo a "metralhadora" do José Alberto perguntando-me por que não me lançava pra valer no mundo profissional, "meu" mundo, e obrigando-me a refletir em voz alta, foi algo mais parecido com uma tortura psicológica. Além disso, ele tinha razão. E ainda por cima me fizera não uma proposta interessante, mas espetacular, irrecusável, incrível.

– Olha, Cristina, eu lhe dou duas semanas para pensar na minha proposta. Você sabe que essas coisas demoram até engrenar. Mas procure dar uma resposta coerente.

José Alberto me colocou contra a parede.

– Por que não fazem essa proposta a outra pessoa? Pensando bem, há gente bem mais qualificada do que eu. Não é muita mamata que só seja feita a mim?

– Você é muito boba, menina! Se não a conhecesse, já teria me levantado da mesa para procurar outro candidato. Como você pode se desqualificar dessa forma? Outra pessoa em seu lugar não largaria o osso por nada, e se você fosse um homem estaria me elogiando pela boa escolha que fizemos, confirman-

do que não iria encontrar ninguém melhor. Você, ao contrário...
Se você não servisse para esse trabalho, não lhe teria oferecido,
concorda? Ainda que neste momento eu esteja gastando verbas
do Estado em vez de trabalhando no escritório...

Essa maldita insegurança que me persegue o tempo todo,
como se não tivesse feito outra coisa na vida a não ser quebrar
imagens sacras do século XVI e arruinar a procissão da Semana
Santa! Por que não sabia me valorizar? Além do mais sou fraca
para bebidas e o vinho me torna mais vulnerável... Vou pedir
outro café. O café daqui é maravilhoso.

Três xícaras depois, um abraço afetuoso acompanhado da
frase: "Obrigada, José Alberto, você é meu anjo!" e da resposta:
"Se eu fosse anjo, sairia voando e não me enfiaria neste engarrafamento maldito! Mas diga que sim, está bem, menina?", entro
em um estado de inquietação que exigiria uma sessão dupla de
filmes de terror, ou, melhor, um mergulho na piscina do clube,
ou, ainda, uma noite de loucuras com o "perturbador" Keanu
Reeves. Embora esteja tão nervosa que colocaria tudo a perder:
confundiria os filmes na locadora, deixaria a touca de banho
em casa ou teria um ataque de soluços justo quando Keanu...
dez pra cinco, tenho que pegar Maya na escola!

Tento pensar dentro do ônibus que me leva para o bairro
onde moro, mas meus questionamentos se perdem na paisagem, me distraio com qualquer coisa. Tenho o cérebro treina-
do para fazer simultaneamente a lista de compras e imaginar a
vida de alguém que atravessa a rua. Mas é impossível tomar a
decisão de transformar minha vida enquanto sobem cinco passageiros no ponto de ônibus diante da Catedral. Suponho que
também não seja tão absurdo, não? "Cristina, pelo menos por
uma vez, tente não meter os pés pelas mãos."

Sopra uma espécie de brisa que, apesar do frio, me transmite uma sensação purificadora, como se levasse vidas passadas e deixasse espaço para outras novas. Interpreto isso como um sinal positivo.

Pena que Maya não tenha como me ajudar com as dúvidas que começam a rondar minha cabeça. Sua lógica implacável de seis anos às vezes me surpreende e outras, me confunde, e se aplica a qualquer situação da vida. Mas não vou jogar minhas angústias sobre ela, que já tem as próprias.

– ... e aí a Berta disse à Blanca que não vai convidá-la para a festa, mesmo que tenha quebrado o braço da boneca preferida dela sem querer...

– Mas elas logo vão fazer as pazes, não é verdade, Maya?

– E eu lhe disse que se a Blanca não for, outras meninas da turma também não vão.

– Você prefere sanduíche de queijo ou de salsichão?

– Eu quero um sanduíche e um chiclete que vem com tatuagem.

– Queijo ou salsichão?

– Queijo, e a tatuagem?

Aproveito para fazer umas comprinhas básicas. Minhas amigas riem de mim porque minha geladeira costuma estar abarrotada de iogurtes, por exemplo. E se restam apenas quatro eu já faço a reposição. Perguntam se Maya ou eu sobrevivemos de iogurte. Reconheço que tenho a "síndrome da geladeira vazia", não suporto uma geladeira desolada, me deprime.

Estou correndo porque o dia ainda não acabou, e chegar à casa de meus pais arrastando Maya é uma tarefa complicada. Pelo caminho existe uma infinidade de tentações que vão desde lojas de mil e uma tranqueiras, com vitrines multicoloridas –

"Compra alguma coisa pra mim!" –, passando por um cachorro latindo – "Posso fazer carinho? Ele não vai me morder, vai?" –, até algumas construções em que se vê o esqueleto dos novos andares – "O que é que colocam primeiro: as torneiras ou os azulejos?".

Estou numa correria tão grande que até agora não parei sequer uma vez para pensar na proposta de José Alberto. Crianças absorvem muito a gente, para o bem ou para o mal: esgotam, mas, em compensação, conseguem fazer com que a gente se esqueça das preocupações e dos dilemas. Recarregam a mente e sugam o sangue.

Maya enfia o dedo na campainha e tenho de repreendê-la. Toda vez que entro na casa dos meus pais fico com a consciência pesada por ser tão descuidada. Lá tudo é impecável, nunca surpreendi minha mãe. A casa sempre pronta para uma reportagem da revista *Decoração e Estilo*: arranjos de flores esplêndidos, nem uma nesga de poeira, a roupa pendurada, as fotos em molduras de prata... Quando Maya põe os pés lá, vira outra menina.

O apartamento não é grande e tem suportado os ajustes familiares e o desgaste dos anos, mas as mãos de minha mãe fizeram com que aguentasse bem as reformas e as mudanças. Ela agora está muito ocupada dando os últimos retoques na fantasia de Maya para o festival de teatro da escola. Na turma em que ela estuda, os alunos vão recriar uma cozinha, outras turmas vão montar uma granja, ou um jardim e a horta, ou um castelo, mas o primeiro ano B ficou com "a cozinha". Maya cismou que quer ser a cozinheira, e por mais que eu tenha argumentado que metade da classe também ficará com o papel de cozinheiro, não teve jeito. A fantasia de cenoura, garfo ou frango não lhe pareceu sugestiva. Ela leva jeito para líder. Felizmente já passou da fase do "rosa com lacinhos", e eu e sua avó – mais sua avó do que eu – fizemos uma fantasia convencional. Embora eu agora perceba que minha mãe costurou frutas no avental. No fundo, o gosto pelos "lacinhos" era dela.

– Mãe, nenhum cozinheiro em um restaurante usaria um avental desses.

– Cris, por favor, são crianças! Um pouco de imaginação.

– Tudo bem, mas os próprios colegas de classe vão dizer isso.

Ela nem me olha, fazendo voar a agulha por entre os dedos ágeis com unhas pintadas de rosa. Meu pai também intervém, mudando de assunto radicalmente, com uma chave de fenda minúscula em uma mão e o maquinismo de um relógio de parede na outra. Sua grande devoção, desde que se aposentou, é montar e desmontar relógios. Para ele é um desafio: alguns ele até consegue consertar. Eu o chamo de "o homem do tempo", e lhe digo que sua vantagem é que nunca vai ter de prever tempestade nem inundações, só a hora certa.

– E esse José Alberto, o que foi exatamente que ele lhe propôs?

– A proposta não é bem ele que está fazendo; na verdade está agindo como assessor de uma organização e lhe deram voz e voto para sugerir nomes para o projeto. E aí ele propôs o meu. Trata-se de um grande projeto de dois anos de duração, pelo menos, o que é maravilhoso. O National West Bank, famoso banco da Grã-Bretanha, quer instalar uma sucursal na Espanha, e aí comprou um palacete modernista aqui em Barcelona para instalar a sede. E ficaram muito orgulhosos. A vantagem para mim é que o bendito palacete ficou fechado por alguns anos e seus murais já estavam se deteriorando havia algum tempo; eles precisam de uma mão de ouro que se encarregue de restaurar as maravilhosas pinturas. Sei que são porque já me haviam falado a respeito. José Alberto pensou em mim. Eu ainda não estou acreditando.

– Que bom, filha! Maya, me passa a linha verde?

– Mas isso significa o que para você? Porque às vezes você coordenava algum projeto e a única coisa que fazia era passar de vez em quando pela obra para dar algumas instruções.

– Nesse caso é diferente, papai. Querem dedicação exclusiva, que eu acompanhe a obra diariamente, porque calcularam que em uma restauração tão delicada perde-se dinheiro refazendo o que um diretor de projeto não verificou a tempo. Além do mais, eu também gostaria de acompanhar o dia a dia de uma obra desse tipo.

– Parece interessante, não? Já estava na hora de arranjar alguma coisa assim. Você precisa pensar no futuro. Essa história de fazer restauração em casa não vai ser para a vida toda, não dá para viver disso.

– Papai, você sabe por que fiz isso, e concordo com o senhor que agora é outro momento. Mas não sei, não sei como vou me organizar. Isso também quer dizer que vou ter de cumprir prazos, viajar para participar de congressos, feiras, ou para conhecer projetos semelhantes na Europa.

– Mami, aqui é a Europa, então por que a senhora diz que vai à Europa?

– Querida, a Europa é muito grande, da mesma forma que Barcelona é muito grande e vamos a bairros diferentes, não?

– Pois parece bem interessante. Se você for à Itália, eu vou também. Lembra, Alfonso, como foi bom em Roma?

– Sim, "a conferencista Cristina Echevarre vem acompanhada de sua mãe". A senhora quer me afundar na miséria, mamãe.

– Sua mãe em Roma... Você tinha que me ver naquela fonte das moedas. Como se chama?

– Trevi, Fontana de Trevi.

– Trevi, isso. Nuria, lembra daquela brincadeira que fiz com os Terron? Cris, iam jogar uma nota de cem liras...

– A senhora sempre conta a mesma coisa. E o que é que eu faço com sua neta?

– Cris, você já sabe que, com minhas aulas na faculdade, nem sempre posso ficar com ela. De vez em quando, tudo bem, mas nem sempre...

– Eu sei, mamãe!

Meu pai faz uma careta, zombando da pose da minha mãe.

Cada vez menos se pode contar com essa geração de aposentados tão ativa, ou pelo menos é o meu caso: uma mãe estudando História das Religiões – "porque há coisas que não entendo" – e um pai que monta e desmonta relógios e caminha sete quilômetros todos os dias.

– Bom, ela tem um pai, não?

– Sim, mamãe! Não vá bordar outra cenoura no avental, por favor.

– Bem, filha, essas coisas se ajeitam, o importante é agarrar a oportunidade quando ela aparece. Pense bem, você tem 36 anos. Está fazendo uma poupança? As despesas de Maya vão ficar cada vez mais pesadas.

Se meu pai tivesse vivido cem anos atrás, teria guardado dinheiro debaixo do colchão ou em uma calça para contá-lo todo dia.

– Manhêê, tenho uma pergunta.

– Diga, meu amor.

– Quando você compra um cachorro numa loja, leva numa bolsa ou ele já sai andando?

Por falar em mudança de assunto...

Maya já dormiu, depois de ter provado outra vez a fantasia de cozinheira. A verdade é que ela está muito engraçada com o avental arrastando no chão e o chapéu branco de cozinheiro bem comprido; não sei como minha mãe conseguiu fazer, mas parece de verdade. Tirei uma foto dela segurando uma colher de pau e uma panela, em cima de um banco na cozinha, e grudei na porta da geladeira, com o título: "E para completar, um pouco de coentro... bom, bom!". David telefonou para lhe dizer boa-noite, como faz quase todos os dias, e aproveitou para pedir uma troca no final de semana: "Se eu pegar Maya sábado de manhã, em vez de sexta, atrapalha você? Em compensação, fico com ela até segunda e assim aproveito para levá-la ao colégio". Como assim "levá-la"?

Tudo o que David tem de organizado no trabalho, tem de imprevisível na vida particular. Melhor seria dizer que escolhe os melhores momentos para dar as informações que já sabe de antemão. As mudanças de última hora: "... é que vou sair tarde do trabalho" ou "tenho um compromisso" já não me surpreendem. Além do mais, não entramos muito em detalhes da vida pessoal: ainda dói.

Agora que a casa toda está em silêncio, me ponho a varrer o corredor. Não sei se por influência habitual da casa impecável dos meus pais ou dos meus nervos, o certo é que sou uma varredora compulsiva, como tem gente que é viciada em cigarro. Varrer me ajuda a liberar a tensão, quando não posso sair para beber alguma coisa com uma amiga, por exemplo, como agora. Claro que, pensando bem, posso conversar com elas.

Atiro a vassoura na área de serviço e me penduro ao telefone. Primeira vítima: Eva. A gente se conheceu na faculdade e trocávamos anotações de aula – ela diz que lhe devo a carreira profissional – e informações sobre festas. Também compartilhamos muitas horas tediosas em um bar ou na casa de uma ou de outra.

– Oi, linda! Já colocou as meninas para dormir?

– Faz um tempinho. Estavam acabadas. Desde que começaram a andar de bicicleta na ciclovia, às quintas-feiras, elas desmaiam logo depois do jantar.

– Você é demais! Olha que não é fácil carregar as bicicletas para baixo e para cima.

– Que nada! Eu aproveito esse tempo na cafeteria, lendo ou dando uns telefonemas. Você não imagina o bem que me faz.

– Paco já chegou?

– Sim, está preparando o jantar. O que você me conta de novo?

– Telefonei porque finalmente almocei com José Alberto e, não sei, agora estou em um dilema... Talvez fosse melhor que não tivesse ido.

– Agora já foi. Por que você diz que teria sido melhor não ter ido? Que aconteceu?

– O que aconteceu é que ele me fez uma proposta de trabalho tentadora; mais que isso, irrecusável. E agora estou tensa porque minha vida vai virar do avesso.

– Cristina, não estou entendendo nada. Como é que uma excelente proposta de trabalho vai virar a vida de alguém do avesso?

– É que ficou tudo muito confuso, preciso me organizar... Até agora minha vida era tão fácil...

– Claro, esse é o problema. Você precisa parar de se esconder em casa. E me desculpe, a menina é um bom pretexto. Você pode muito bem trabalhar e ter uma filha ao mesmo tempo. Está separada, é verdade, mas seu ex-marido, mal ou bem, está por aí.

– Você só trabalha meio período, querida.

– Não, desculpe, meu horário é das 8 às 15 horas. É um privilégio, reconheço, mas gosto do que faço e ainda por cima me pagam bem. Garanto que, do contrário, procuraria outra coisa. Porém, neste museu tenho a sorte de ser valorizada e assim conseguimos nos arranjar. E se aparece algum evento especial à tarde, eles sabem que podem contar comigo.

– Tudo bem, mas a menina... essa história de ser mãe e ao mesmo tempo ter um trabalho fascinante é uma roubada.

– É só uma questão de estabelecer suas prioridades. E além do mais existem os ex-maridos, os avós e as babás. Cris, o problema é que já faz muito tempo que você não trabalha.

– Ah, tá!

– O que quero dizer é que você não faz parte de uma empresa, com responsabilidades por uma equipe e perante seus superiores. Mas precisa voltar a essa situação. Você mesma diz que com o que faz em casa vive com a corda no pescoço.

– Tudo bem, mas estou muito tranquila.

– Não, se o resultado é que você não passa de uma desocupada. Partindo de José Alberto, mesmo sem saber o que é, eu já lhe diria para aceitar...

Segunda vítima: Diana. Eu a conheci no colégio e no início disputamos um colega de classe, por isso nos odiávamos. Essas coisas aos 16 anos marcam muito a gente. Quando percebemos que o garoto era um metido, nos unimos para toda a vida. Diana é a mulher-turbilhão; é como se tivesse uma bateria recarregável.

– Diana! Que barulho é esse? Onde você está?

– No meio da rua. Você me fez parar a moto!

– Pensei que estivesse em casa. Não foi à aula de alemão?

– Fui. É que passei primeiro pela casa da Marta e me enrolei. Quando nos vemos?

– É que eu queria te contar algo.

– Então tá. Tomamos um café amanhã de manhã?

– Ok, nove e meia na Padaria Sepúlveda?

– Urgh, melhor às onze.

– Tá bom, dorminhoca, até amanhã.

Não sou de bater papo on-line nem sou muito fã das redes sociais, mas sou a rainha dos e-mails. Turbino toda a minha turma de amigos e conhecidos. Sou das que repassam mensagens de "perigo, ameaça de vírus", "gatos bonsai" e piadas feministas, o tempo todo. Não sei o que era minha vida antes deles. E sou tão ingênua que ainda me admira o fato de que possa estar a par do que meus amigos fazem em qualquer lugar do mundo, seja na Argentina, seja em Cingapura – porque também tenho um amigo em Cingapura, o que me parece tão exótico que não paro de repetir. Mas esta manhã aproveito para navegar em busca de projetos semelhantes ao que me foi oferecido. Embora eu mais mergulhe do que navegue. Essa é a sensação que tenho quando entro na internet. Navegar é algo superficial; eu baixo as páginas da web que me interessam, mergulho em seus links e vou fundo... até acabar o oxigênio. Enquanto isso, o ícone com um envelopezinho me avisa que alguém me enviou uma mensagem:

Olá, Cristina!

Sou Sônia Aramburu, prima de Pedro Aramburu. A gente se viu no verão passado em Zaraus. Pedro me disse que você restaura peças de arte, e no casarão da família, em Vergara, temos uma escultura que não sabemos de que ano é, e gostaríamos de restaurar, porque supomos que deva ter algum valor. Você se interessaria? Envio algumas fotos para que você possa dar uma olhada e me dizer o que acha. Aguardo retorno. Um abraço.

Mais uma "pecinha". O mais provável é que seja uma escultura tosca feita por algum artesão local, não muito antiga. Às vezes é duro dizer aos proprietários que o único valor que a peça tem é o sentimental. Há objetos que são apenas "velhos", e não antigos. Fotos abertas... Eu sabia. Outra velharia.

Assim não se vai a lugar algum. De dez encomendas que recebo, só uma vale a pena; as demais são simples ganha-pão. Ao final acabo dizendo que são obras de arte só para cobrar um pouco mais e cobrir o orçamento até o final do mês. Poderia me tornar uma golpista profissional e depois publicar minhas memórias sobre como o crime fez de mim uma senhora recatada, com tapetes de veludo na sala e casa de veraneio em Palma de Mallorca. Claro que os moderninhos descolados vão para Formentera, para resgatar sua essência sentados em sofás de designers minimalistas que valem três mil euros... Enfim, se comparar meu trabalho em casa com a proposta de José Alberto e seu palacete...

O certo é que preciso de estímulos que despertem meu cérebro, estou muito sedentária. Quero me lembrar de que tenho neurônios.

Às vezes vejo a mim mesma como um prolongamento de Maya, de minha casa, de tudo o mais, como se fizesse parte do ambiente sem ter uma definição. Como se confirmasse essa força silenciosa que atua poderosamente na sociedade, segundo a qual uma mulher já cumpriu sua tarefa ao se tornar mãe. Recebe o reconhecimento de que fez sua parte. O resto são ornamentos a seu valor essencial: a maternidade. E mesmo que tal cenário colorido se revele através de uma tela de plasma, continua sendo o mesmo, tanto no século XXI como no século XIX. Todos admitimos que só as mães podem cuidar dos filhos. Que tipo de limitações têm os homens – além da própria vontade – que os impeça de ocupar-se de uma criança? Começo a perceber que essas convicções ancestrais não me fazem bem; pelo contrário, só me alienam. Eva tem razão quando diz que me escondo. Desenvolvi uma boa rede de proteção: ficar em casa, restaurar "pecinhas", me comunicar por e-mail...

Em minha família existe uma tradição natalina pragmática em que cada um faz uma lista com suas preferências para os presentes. Assim não há erro nem chateação e se presenteia com mais justiça, segundo a determinação de minha mãe. E eu, meus irmãos e os agregados a obedecemos disciplinadamente. Minha lista do Natal passado foi patética: em primeiro lugar, só coisas para Maya. Tudo bem que se trata de uma celebração essencialmente infantil. Depois, um ferro de passar, um jogo de toalhas, capas para almofadas, sapatilhas para ficar em casa!

Algo tão banal quanto uma lista de Natal me abalou profundamente, quando me conscientizei do que havia escrito, porque, sem querer, percebi todas as minhas frustrações. Até minha mãe sentiu pena de mim e me presenteou com uma pulseira e um xale que nunca apareceram na lista. Porque não era eu que estava ali, mas sim a minha projeção social. Uma projeção bastante limitada ou, para ser sincera, reduzida à sua mínima expressão, como se eu não passasse de uma caipira.

A intuição me diz que aceitar esse novo trabalho será uma forma de redirecionar um pouco essa projeção. Mas as mudanças me assustam. É por isso que costumo tomar as decisões sem pensar nelas. Mas desta vez não é assim.

Antes de dormir, a internet me convida a visitar um mundo com os quais não tenho contato há algum tempo: conferencistas que apresentam seus trabalhos em congressos sobre a pintura mural, minha especialidade; aulas em escolas de prestígio internacional a que sempre desejei assistir; projetos internacionais espetaculares, que sempre procurei acompanhar. É como colocar a ponta do pé na piscina para sentir se a água está muito fria. Mergulho ou não mergulho? O normal, quando já se colocou o pé, é mergulhar. Embora às vezes, antes de se decidir, alguém dê um empurrão.

Já faz alguns anos que Diana e eu escolhemos o mesmo lugar para nos encontrar para um café. A padaria fica a meio caminho entre nossas casas. Parece mais uma cafeteria moderna, depois da reforma realizada há alguns anos: os tijolos cederam lugar à madeira escura. As paredes mudam todo mês porque o proprietário as utiliza como galeria de arte. Diana já expôs suas fotografias aqui duas ou três vezes. Marcelo, o proprietário, conseguiu vender algumas, e esse foi o ganha-pão dela na época das "vacas magras". A bem dizer, Diana é magra justamente por isso, porque na vida dela houve mais fases de vacas magras do que de vacas gordas. Foi turrona o suficiente para não largar a vocação de fotógrafa, mesmo quando sua obstinação não lhe permitia nem pagar o aluguel no final do mês. Mas foi graças a essa persistência que ela hoje desfruta de certo prestígio no ramo.

Chegamos ao mesmo tempo. Ela está estacionando a moto em frente à cafeteria, que agora está sob um andaime, porque a fachada do edifício em que se encontra está em processo de restauração. Antes mesmo de se aproximar de mim, começa a falar:

– Como é bom viver em um país desenvolvido! A gente observa a preocupação com o bem-estar social nos pequenos detalhes: as barras de suporte dos andaimes estão forradas para evitar acidentes.

– Na verdade é para evitar indenizações.

– O que reforça minha teoria.

– Desculpe, mas não é o caso. Não se trata de bem-estar social, mas da política de litigância importada dos Estados Unidos. Lá, se você espirra em cima de alguém, já lhe metem um processo.

– Tá bom, não me torre a paciência. Mas é uma prova de um Estado desenvolvido. E o que você me diz das roupinhas para cachorros? Vi dois quando vinha para cá. Se minha avó, que Deus a tenha, os visse... No campo os cachorros tinham que trabalhar. Agora, quando chove, vão colocar um capacete com guarda-chuva neles – arrematou sorrindo.

– Deixa disso, Diana, você vive reclamando!

Sentamo-nos a uma mesa e Marcelo nos pisca o olho lá do andaime. Diana coloca as maletas e a bolsa dela atrás da cadeira.

– Hoje vou demorar para voltar para casa. Tenho de fazer umas fotos no Museu da Indumentária, e por sorte já deixei as câmeras ontem... e levar os contatos para uma agência nova, para ver se colocam na página da internet. E essa ampliação é para uma amiga que faz 35 anos; sei que ela vai adorar ser presenteada com uma das fotos que fiz dela há algum tempo.

– Com certeza, principalmente se parecer mais jovem.

Doze dias atrás fiz aniversário e continuo depressiva. Vai passar dentro de um mês. Faltam dezoito dias e umas sete horas.

Tomamos café com leite e comemos *croissants* enquanto discutimos as vantagens e desvantagens de aceitar a proposta de trabalho do José Alberto.

– Você precisa dar uma arejada na sua vida. Entre uma coisa e outra, passou uma temporada bem longa trancada dentro de casa. Precisa mudar de hábitos. E um trabalho vai te ajudar nesse sentido, vai te obrigar a sair, vai trazer mais alegria para sua vida.

– Você fala como se eu estivesse deprimida!

– Uma coisa é estar deprimida, o que certamente não é seu caso; outra coisa é estar no limbo. Está perdendo muita coisa!

– Sim, um monte de coisas. De cara, preciso de uma reciclagem geral. Há técnicas de restauração que me parecem chinês.

– Pois então se recicle ou faça uma restauração em você mesma, que é o que está precisando. E se tiver de ir a Varsóvia para fazer um curso sobre "como o pincel microscópico afeta a textura da têmpera vermelho-terra na pintura flamenca do século XVI", vá.

– Disso não preciso, mas vi um em Florença, organizado pelo Palazzo Spinelli, sobre materiais e técnicas para a limpeza de pinturas e objetos policromados que...

– Tudo bem. Você já achou a mina... E se tiver de estudar à noite, sinto muito. Mas ao menos você vai se dar conta de que é um ser humano de carne e osso, que sente dor de cabeça de tanto ler. Você não está se sentindo morna? Pois então está na hora de esquentar. É esquentar ou congelar?

– Deixa pra lá, entendi o que você quis dizer.

– Sua autoestima não anda muito bem, e acelerar um pouco a vida vai te ajudar a dar uma calibrada. Com certeza vai ter de comprar um notebook. Vi um Mac com tela de alta resolução, bastante adequado para fazer apresentações e trabalhar com qualquer programa de desenho gráfico... vou te passar as especificações. Pode ser muito interessante para apresentar relatórios. Agora estou atrás de um programa que altera os...

Diana me deu uma baita de uma chacoalhada. Juntando com o que Eva me disse ontem à noite, com o que os meus pais falaram e com a "metralhadora" do José Alberto, é melhor não consultar mais ninguém. Agora só me restam duas opções: me isolar do mundo e me trancar dentro de casa ou mergulhar de cabeça e aceitar esse trabalho disfarçada de supermulher. Já na porta da cafeteria nos despedimos. Prometo a Diana que telefonaria para o José Alberto.

– Tia, pode me dizer as horas?

– Ah, claro... meio-dia e vinte – fico passada e reajo quando se afasta. – Mas esse moleque tem pelo menos vinte anos! Que história é essa de tia?

– Pois é, lindinha – Diana já está colocando o capacete. – Ele teria me chamado de "você", mas, no seu caso, que anda toda arrumadinha... Tudo bem que você saiba tirar partido disso, mas a mim não faz falta.

– Por que será que no consultório médico, na fila da padaria, em qualquer lugar alguém mais jovem do que eu sempre pergunta minha idade? Você acha que já chegou a hora de não dizer mais? Não, já sei o que você vai responder; não é que não aceito a maturidade, é que há uma conspiração contra pessoas com mais de 35 anos.

– Principalmente se estiverem solteiras! O que você vai fazer na Semana Santa?

– Na Semana Santa vou ficar por aqui com minha filha, por quê?

– Podíamos fazer alguma coisa.

– Já que me animou a sair e a me reciclar, que tal se a gente organizar alguma coisa uns dias antes da Quinta-feira Santa? Estarei sem Maya.

– Então, vamos fazer uma viagenzinha!

– Vou pensar no caso. Me dá um beijo.

# capítulo

# 2

Aceitei o trabalho. Há seis dias. Portanto, faz seis noites que não durmo. O que não é ruim, porque aproveito para me organizar. Serve para eu sentir que sou de "carne e osso", como disse Diana. E de músculo. Tenho trabalhado tendões e músculos que nem sabia que existiam. Há quanto tempo não estudava durante horas diante de uma mesa?

Infelizmente, a vigília desta noite foi a pior, com angústia elevada ao cubo, tudo porque esta tarde, às quatro horas, José Alberto vai me apresentar ao conselho de administração do banco, quando será discutido meu relatório a respeito do projeto. São oito horas da manhã e estou um caco. A cabeça virou um tijolo, incapaz de pensar até em como preparar um misto-quente.

Ainda bem que minhas mãos trabalham sozinhas. Mesmo que dê para remover o "tijolo" com um analgésico, o pavor da apresentação desta tarde não vai sumir nem com um ansiolítico. Mas não deixarei de tomar um, se for para me ajudar.

– Estou linda?

– Maya! O que é que você passou nos lábios?

– Seu batom, ora. Tá borrado?

– Por favor, tire isso agora mesmo!

– Você não gostou?

– Maya, não estou pra brincadeira.

– Mami, quem vai me pegar hoje à tarde?

– Seu pai. Lembre-se de que vai ficar com ele no final de semana.

– Ele falou que a gente iria ao aquário.

– De novo? Mas você já conhece todos os peixes de lá...

– Por isso mesmo, vou ver meus amigos. Mami, os tubarões e os golfinhos são amigos ou inimigos?

Se meu "tijolo" me permitisse, agora mesmo plagiaria a lógica devastadora dessa pirralha e a aplicaria a toda minha vida.

Depois de deixar a menina no colégio, tenho providências burocráticas a tomar. Preciso dar baixa no registro de autônoma e outros procedimentos do tipo que hoje me fazem perder tempo e até agora só me fizeram perder dinheiro. Escolhi um dia ideal: frio e com vento. O nariz está vermelho e o corpo, congelado. Como ando aérea de tanto remédio que tomei, nem sequer me lembrei de pegar um agasalho. Mas meu pensamento positivo indica que, se estou ficando roxa por causa do frio e a gordura se movimenta menos ao andar, a sensação de flutuar logo vai passar, porque vou me estatelar no chão, transformada em um cubinho de gelo.

Estou me sentindo morta. Mesmo assim, encontro forças para atravessar a floresta da burocracia e preencher certos formulários para que o Governo pare de me cobrar por algo que não faço. Paul McCartney não dizia que a cada manhã, ao colocar os pés no chão, já tinha ganhado um milhão de dólares? Pois eu, para deixar de pagar 145 euros mensais, tenho que me levantar, pegar o metrô e, além disso, fazer uma baldeação na estação Central. Se tivesse pagado o ônibus, meu mau humor ainda teria se multiplicado por dez, graças aos eternos congestionamentos desta cidade.

O semáforo da Gran Vía abre de repente, bem na hora em que eu chegava à ilha central. Além do frio, a sensação é ainda mais gélida porque sempre me pareceu de uma insegurança absoluta ficar em um local como aquele, em meio a carros passando em ambos os sentidos e salva de um atropelamento apenas porque há faixas pintadas no asfalto. Com os olhos semicerrados por causa da ventania, vejo se aproximar um rato desamparado. Já nem sei se é uma alucinação, mas não há como não me assustar. Dou um pulinho, porque o espaço disponível na ilhota é bastante exíguo. O pobre roedor se assusta mais do que eu e para abruptamente – bem em minha direção – e resolve fugir mudando de rota: em linha reta, na direção dos carros que passam zunindo, o que resulta em atropelamento. A ratazana acaba estatelada no asfalto. O sentimento de culpa pela indução ao assassinato me sobe pela espinha dorsal. Ao cruzar a avenida, me esquivo do bicho e sigo com a consciência pesada, convencida de que é um mau presságio.

Às nove da noite já resta pouco deste dia intenso e atarefado. A apresentação à comissão foi bem mais superficial do que esperava. Passei uma noite inteira em claro por uma apresentação de uma hora e meia em que mais se discutiram experiências anteriores em outras cidades do que propriamente o projeto. Em alguns momentos quase pareceu uma reunião de amigos que contam o que viram durante as férias. Suponho que, para alguém acostumado a falar de cotações da bolsa e taxas de juros, tratar de pintura mural modernista deve ser parecido como desfrutar de uma sobremesa. Fui tratada com naturalidade e nem sequer por um momento se colocou em dúvida minha competência para ocupar a função. Eu mesma seria a única que teria me vetado o encargo nessa mesa de homens e mulheres preocupados em não perder tempo e atender aos celulares.

Agora, aliviada, me disponho a me recompensar pelas atribulações que causei a mim mesma hoje. Estou sozinha em casa, porque Maya saiu com o pai. Sinto-me tão cansada que agradeço. Não planejei nada para o final de semana, embora David, fazendo a linha paternalista, tenha insistido da porta: "Aproveite e relaxe, enquanto Maya e eu brincamos de escolinha". Estou mais para uma noite ensandecida; em momentos assim, o que mais me atrai é uma vigília solitária.

Ingredientes: uma bandeja cheia de vícios alimentares como pãezinhos de mel, chocolate, tâmaras, que eu adoro – deixo os iogurtes, menos calóricos, para outras ocasiões –; um bom filme que não me deixe pegar no sono – ficam descartados os filmes franceses e o cinema iraniano ou chinês –, mas que mexa ao mesmo tempo com os nervos, e assisti-lo na cama, na minha enorme cama...

Gosto dessa coisa de me refazer na solidão. Embora às vezes me entregue com tanto afã que passo dos limites e aí a noite vira um drama. Eu me encaixo no que dizia Milan Kundera em *A insustentável leveza do ser*, quando o *kitsch* arranca duas lágrimas emocionadas: "A primeira diz: 'Que lindo, as crianças correm pelo jardim!'. A segunda lágrima diz: 'Que lindo é ficar emocionado junto com toda a humanidade por ver as crianças correndo pelo jardim!'". Me senti tão retratada que não pude deixar de copiá-la e lê-la de vez em quando. Sou *kitsch*. Que horror perceber que sou *kitsch*!

Na locadora de vídeo, peguei *Diários de motocicleta*, mas não sei se a cópia é ruim ou se o problema é com meu ouvido; o fato é que estava muito difícil de entender o que falavam, e resolvi dar uma passada pelos canais de televisão em busca de algo mais interessante. Além de rainha do autêntico *kitsch*, também sou rainha do controle remoto. Reconheço que sou viciada em programas sensacionalistas. Entre amigos, costumo criticar quem os assiste com frequência, mas quando estou sozinha em casa não resisto! Pena que hoje não está passando nada interessante... mas a canais eróticos eu me recuso assistir... seria patético!

Se tivesse de obedecer aos sinais, o do rato desta manhã seria definitivo. Por que essas coisas têm que acontecer comigo? Com a questão da separação, às vezes penso que passou da conta. Se tivesse me conformado um pouco mais, e me entediado um pouco menos, agora estaria mais tranquila. Minha vida seria a mesma de sempre, tudo sob controle... e sabendo exatamente como seria minha existência aos 65 anos. NÃO, muito obrigada! Principalmente porque passei a vida inteira jurando que a minha ia ser matéria de biografia *best-seller*. Ter tudo sob controle aos 30 anos não é minha concepção de intensidade, menos ainda se isso significa garantir uma segunda casa, ter os sogros sempre em casa cortando a grama, passando a roupa e preparando a comida "para que você possa ficar com a menina" e dedicar os domingos ao carteado.

Tudo bem que pelo menos não precisaria ter passado pela separação, nem teria feito com que Maya passasse por ela. Algo assim é tão traumático que ficaremos marcados pelo resto da vida? Somos diferentes por causa disso? Será que Maya é uma criança diferente? "Ah, claro, é filha de pais separados." Eis a explicação para tudo! A culpa sempre me martela a cabeça. Será que isso pesa mais do que nascer na periferia? Ou mais do que nunca ter praticado algum esporte ou soltado um balão na vida? Mais do que ser filha única ou ser apenas mais uma no meio de um monte de irmãos?

As pessoas mudam ao longo da vida adulta? Ou é a rotina que assassina o amor dos casais mais bem-intencionados? David era um cara ativo, que amava música e era capaz de mover céus e terra para ir a um show ou para ter um disco. Era parte de sua personalidade e, embora não fosse parte da minha, eu gostava disso nele. Mantinha-o vivo e eu o acompanhava a todos os lugares, deixando de lado o que me interessava; eu era ele. Logo que nos casamos, bateu-lhe uma preguiça que contagiou tudo o que nos rodeava. Ele me absorveu em sua vitalidade e em sua apatia. Erro número 2. Eu não podia acompanhá-lo nessa anestesia.

Droga! Percebe? Relembrar algo triste é como pisar em areia movediça: quanto mais a gente se esforça para escapar, mais afunda nela.

No mais, nossa separação foi tranquila, civilizada, segundo relatam os observadores neutros. Para mim foi surreal. Surpreendemos a nós mesmos. Descobrimos nossas lacunas em situações *No limite* ou *À prova de tudo*, como Maya define tudo o que é radical, desde que descobriu esse tipo de programa de TV. Sempre me vi como uma criatura visceral, do tipo que é capaz de quebrar pratos em uma briga, quando na realidade fiz a divisão dos bens mais rápida do universo. E David, quando percebeu que nossa história já não ia a lugar algum, não perdeu tempo em procurar "substitutas" enquanto ainda dormíamos sob o mesmo teto. Digo sem mágoa nem rancor; na realidade digo sem sentir nada, eletroencefalograma plano. Já estava tudo acabado.

Que pena! Que pena sentir pena, droga!

Já faz dois anos que tudo isso aconteceu, de modo que a cota de lágrimas já é mais *kitsch* do que emocional. Seco-as com minha caixa de lenços de papel preparada para a ocasião, deixo a bandeja "do vício" no chão e desligo a TV. Boa-noite.

Quando se sofre/desfruta de uma noite em claro como a passada, não acontece nada, é suportável. Porém, quando se percebe que a noite seguinte tem tudo para ser um exato repeteco, mas sem tâmaras porque acabaram, então se entra em crise. É preciso começar a reagir. Por que ninguém me telefona? Por que não planejei alguma coisa para a noite de sábado? Com certeza todo mundo está se divertindo por aí, menos eu. Como é duro reconhecer que a maioria dos adultos de minha idade, que esta noite se encontra em lugares cheios de fumaça, a) sente-se sumamente entediada porque faz isso com muita frequência; b) está com sono, porque não está acostumada; c) sente remorsos, porque o custo de uma babá é altíssimo; d) saiu desesperadamente à caça de um "ficante" mais ou menos duradouro e está angustiada porque a caçada não deu resultado. A opção "embalos de sábado à noite" não me seduz, mas repetir a noite anterior... sabe-se que sequências nunca são boas, ainda mais se o filme original já foi ruim...

Antes de começar a telefonar para todo mundo que está na minha agenda e colher um rosário de nãos que me afundaria na escória durante muitos sábados, aciono meu processador em busca do plano seguro... Só preciso de alguns instantes... Ok, Nando e Paula. Nando: a gente se conheceu em uma viagem de trem há mais de quinze anos – aliás, tudo já faz mais de quinze anos – e nossa amizade dura até agora. É professor de uma escola de música. Paula se dedica aos negócios da família e faz mais horas extras do que o alto-falante do metrô. São tão caseiros que com certeza não vão sair e apreciarão minha sugestão para jantar na casa deles, nem que seja pela novidade. Ainda é meio-dia, vão ter tempo de sobra para planejar alguma coisa.

– Nando? Ah, oi, Paula. Tudo bem?

– Você me pegou na porta de casa. Estava indo ao supermercado fazer compras.

– A compra de mês, você quer dizer, a dos bifes e dos ovos?

– Claro, com os horários que temos a semana inteira, o sábado pela manhã acaba sendo a melhor hora... Nando prefere comprar pela internet, mas, para falar a verdade, eu até que gosto de ir ao supermercado. Que é que você conta?

– Que hoje não vou fazer compras. Mas também não tenho nada programado para esta noite, e não estou muito a fim de ficar em casa. Paula, tenho menos vida social do que a Bela Adormecida.

– E nós muito menos do que a do Conde de Monte Cristo! Entendido, por que não vem jantar aqui? Prometo que não farei pizza.

– Ah, por favor! De tanto comer os restos da Maya, já estou enjoada. Levo vinho?

– Melhor vodca!

Vodca é uma bebida que cheira mal. E deixa a gente mal. Sempre achei isso, desde que a tomava de um gole só aos 19 anos, quando saía com os colegas da faculdade. Naquela época eu não abusava muito porque a mesada que recebia de meu pai não dava para isso. Então a gente se abastecia do vinho mais barato dos botecos. Será que os que na época eram especialistas em botecos baratos hoje fazem o mesmo no hipermercado, à caça da promoção do mês? Graças às "pechinchas", tive as ressacas mais terríveis de minha vida. Hoje não daria conta.

– Reconheçamos: todos nós já nos embebedamos alguma vez. Eu me lembro de uns porres seus, Paula. Aquela festa de São João em que você voltou para casa com os sapatos nos bolsos da calça, por exemplo.

– Urgh! Sim, no dia seguinte não conseguia entender por que estava com os pés tão sujos – disse tombando no sofá, com os pés afundados em umas sapatilhas de flanela quadriculadas. Os restos do jantar estão abandonados sobre a mesa de vidro da cozinha. Comparo-a com resignação à minha mesa de fórmica...

– Sim, claro. Mas minha perspectiva já mudou. Só de pensar que Maya possa fazer a mesma coisa que eu me dá um troço. Sairia com ela para evitar isso!

– Como a Supermãe! Você é bem capaz, mas fique sabendo que ela te odiará pelo resto da vida.

– Sim, me lembro de uma vez em que minha mãe, louca da vida, foi até a discoteca onde estávamos, porque eu não havia voltado para casa na hora combinada, e me arrastou pelo braço. Que mico!

Adoro esses papos eternos, já repetidos uma porção de vezes, em que a gente pode relaxar. A gente remexe essas coisas e passa de um ponto ao outro sem saber bem de onde vem nem para onde vai. E é nesses momentos que se acerta mais. Pelo menos eu, que sou nefasta falando em público. Sou mais *petit comité*.

Nando e Paula cumpriram a promessa e não fizeram pizza. Melhor ainda, Paula se animou a cozinhar e nos ofereceu um menu japonês: *udon* (uma espécie de sopa, com macarrão japonês, legumes e verduras) e *sukiyaki* (um saboroso guisado de carne com legumes e verduras). Percebe-se que ganhou um livro de cozinha japonesa. Fiquei pasma. O guisado, embora saboroso, era um tanto pesado para o meu gosto, de forma que caprichamos na sobremesa. E aqui estamos nós, já em fase de confidências e lembranças de juventude. Espero não chegar à etapa da cantoria.

– E todas essas sacolas da Leroy Merlin no corredor, são o quê?

– Nando gosta de jardinagem, como você sabe, e a microvaranda está abarrotada de plantas. Muito bem cuidadas, diga-se de passagem.

– Que bom que você também gosta – responde-lhe o marido.

– Até agora não me queixei. Mas já está virando uma floresta! Como vai começar a horta que você vive prometendo?

– Muito simples, vou trocar algumas plantas e dar início à nossa mini-horta orgânica. Logo mais não precisaremos comprar tomates! Cris, quer um *ficus*?

– O que eu queria mesmo era morar no interior.

– Ah, não, que tédio!

– Mas para vocês tanto faz... não saem nunca!

– Se a gente morasse numa cidadezinha pequena seria pior ainda! Além do mais, em que você trabalharia?

– Posso restaurar quadros aqui ou em qualquer lugar.

– Mas não acabam de te chamar para um superprojeto? Não é todo mundo que pode dizer: "Vou trabalhar no palacete" – e ao dizer isso Nando cai na gargalhada.

– O problema é que você não gosta de uniforme! – acrescenta Paula, e os dois se contorcem de rir.

– Que uniforme?

– Nem bem estreou e já quer se aposentar: isso é o que eu chamo de carreira fugaz... Você não está um pouco desorientada? – Paula arremata.

– Estou é com sono. Que horas são?

– Cinco horas.

– Cinco! Desde quando?

– Você chegou às 10 horas em ponto, e o jantar atrasou...

– O problema é que tenho de acordar às sete e meia!

– Sete e meia de um domingo! Isso existe?

– Combinei de fazer trilha com Carlos e os colegas do irmão dele. Não pode ser! Que é que eu faço?

– Não vá.

– Nããããooo, vai ser divertido! Eu quero ir! Chamem um táxi.

– Onde vão se encontrar?

– Aqui pertinho, no Arco do Triunfo.

– Então durma aqui. Ganha tempo. Eu a levaria de carro, mas a essa hora... – isso é demais para Nando.

– Nããããooo, que ideia!

– Cala a boca e me ajuda a arrumar sua cama.

Consegui me atrasar "só" uns quinze minutos, uma tremenda façanha, considerando as circunstâncias. Mas esses grupos de "aventureiros de butique" levam isso tão a sério que é como se fossem escalar o Himalaia.

Ao chegar ao local combinado, recebo uns olhares do tipo "a gente não gosta de esperar por alguém que ainda por cima é medroso". E também me parecem jovens, e de fato são; e arrogantes. Minha atitude atarantada e meu bafo de vodca não ajudam muito. Por sorte, Carlos e o irmão dele, meus anfitriões, me recebem com alegria, quase com ternura, e os flagro fazendo um gesto para o restante do grupo como quem diz "deixem ela em paz, já explicamos que está passando por um período difícil". De maneira que me sinto como se tivesse entrado no convento das Irmãzinhas de Caridade. Antes de desmaiar durante a viagem de carro, prometo a mim mesma que vou lhes dar uma lição quando estiver caminhando... se é que as botas que Paula me emprestou não vão me criar bolhas nos pés e acabar com a minha disposição. Fecho o casaco acolchoado, também emprestado, e adormeço como um bebê. É isso que dá ter fins de semana alternados de mãe solteira. Mas quem disse que é tão ruim assim?

Duas horas e meia mais tarde, estamos no começo da caminhada, discutindo como será a trilha. Meu equipamento é bastante rudimentar, não porque tivesse de trazer material sofisticado, afinal é apenas uma caminhada. Minha precariedade se deve ao fato de que minhas coisas ficaram em casa e tudo o que eu carrego é emprestado, com exceção da calça jeans e da roupa íntima. Ainda bem que deixei meus óculos de sol e outras coisinhas básicas de fim de semana na bolsa com a qual saí para jantar na casa de Paula e Nando. Comprei água e sanduíches no caminho, e estou acordada graças aos três cafés que tomei – expresso, coado, com leite –, e só me falta começar a cantar para me integrar ao grupo. Agora me arrependo de não ter trazido a garrafa térmica da Maya, a única que temos em casa.

– Quer? – me pergunta uma garota, estendendo-me um pacote.

– Que é isso? – pergunto precavida.

– Barrinhas de cereal.

Na minha época a gente comia *Cheetos*... o irmão do Carlos, Rique, está explicando o itinerário ao casal tão novato como eu.

– Não, não, nem ficando sozinhos vocês podem se perder, porque praticamente não existe nenhuma bifurcação, e além do mais iremos, claro, sempre subindo, porque é preciso percorrer a encosta da montanha. Aí sim, são quatro horas de subida íngreme.

A barrinha de cereal acaba de me grudar nos lábios: quatro horas! Quatro horas de subida! Para isso é preciso ser um alpinista profissional... há mais de vinte anos que meu corpo não se comunica com minhas panturrilhas. No local onde deveriam estar existe agora uma massa molenga que não atende a comandos. Como vou subir?!

A poucos metros do local onde deixamos os carros, o trenzinho que leva os visitantes "normais" ao santuário transporta passageiros. Eles chegarão comodamente sentados, em um trajeto de meia hora ou quarenta e cinco minutos, não sei ao certo. Por um momento a tentação de abandonar tudo e chafurdar na lama da indignidade e da covardia toma conta de mim, mas um pensamento inconsciente e orgulhoso me mantém com os pés fincados no chão, esperando a voz que dê partida à... caminhada! Meu sentimento de culpa me lembra de que alguma coisa errada eu devo ter feito para pagar essa penitência.

Dizem os alpinistas profissionais que para ter êxito numa escalada é tão importante a boa forma física quanto a resistência psicológica. O que eles não contam é como pessoas que não têm nem uma coisa nem outra conseguem chegar ao topo. Nem sobre aquelas que acordaram com a sensação de que não passam de um traste humano, de quem se exige uma audácia heroica – para mim, quatro horas de caminhada é como correr uma maratona em tempo recorde. Sou uma pessoa cética e busco sempre alguma lógica em tudo que faço, então sou obrigada a imaginar que não chegarei inteira quando, depois de uns vinte minutos caminhando, sinto o pulso latejar e começo a ficar tonta pela falta de oxigênio – não por causa da altitude, mas simplesmente porque me falta o ar. Começo a calcular o custo da equipe de resgate enviada pela defesa civil ou pelo corpo de bombeiros para resgatar montanhistas esgotados. Ou talvez devesse confiar em meu plano de saúde, que me garante cobertura e assistência total... a não ser em caso de esportes radicais. Sempre posso alegar que andar não me parecia tão arriscado.

O resto do grupo não se distancia muito porque anda compactamente em um ritmo tranquilo, mas constante. Sabem aonde vão. Durante cinco minutos quis estar nas primeiras posições, mas logo percebi que deveria seguir a reboque. A outra novata também transpira em bicas, e ela, que viu em mim uma espécie de alma gêmea, aproveita para me contar que acabara de se casar, há coisa de cinco meses, que passara a lua de mel em Cancun, como é e quanto custou cada cômodo de sua casa geminada em um condomínio fechado. Tento mergulhar na conversa para distrair com alguma coisa meu corpo já em frangalhos, mas quando a conversa chega ao capítulo "revestimentos da cozinha", desconecto. Os atrasos e contratempos que os "pombinhos" tiveram em Cancun, que os obrigaram a pagar do próprio bolso um quarto de hotel a troco de nada, e o relato de como os pedreiros caíram no vão da escada porque achavam que estavam no térreo, até que foram engraçados, mas saber em primeira mão como é difícil encontrar azulejos de cozinha que não engordurem, isso foi bem mais tedioso. E assim começo a me lembrar de novo de que tenho corpo e que deveria me chamar Maria das Dores. O que me admira é a capacidade que a recém-casada tem de descrever todos os recantos de sua casa sem perder o gás nem se espatifar contra uma pedra.

Os últimos metros que percorro até chegar ao lago que fica antes do santuário, quarenta e cinco minutos depois dos outros, com o ritmo perdido no décimo terceiro minuto, as coxas estrebuchando e três bolhas nos pés, ficarão na memória de todos os meus aguerridos companheiros de expedição como "a maldição do Himalaia". Quanto a mim, ficará marcada a ferro e fogo a imagem do grupo saboreando tranquilamente seus sanduíches sentados na grama, enquanto eu decidia se mantinha a dignidade ou rastejava até eles.

Quando, por fim, me sentei, minhas pernas começaram a tremer sem que nada conseguisse detê-las. Pelo menos, nessa situação pitoresca, para não utilizar outro qualificativo mais desagradável, recebi como prêmio uma massagem do Rique e o apelido de "mascote da excursão". Mais tarde, ainda tive senso de humor suficiente para acompanhá-los pelas redondezas, muito embora, aí sim, tenha sentido uma grande satisfação em descer sozinha no trenzinho, enquanto os via iniciar a descida do mesmo meio jeito que haviam subido.

A sala que me reservaram não é lá essas coisas, mas nem todo mundo dispõe de um espaço individual no palacete. No momento é apenas uma casa em obras na qual se reservou um espaço no sótão para quem vai acompanhá-las, para as reuniões e outros aspectos logísticos. Recursos técnicos e ergonômicos de última geração, livre acesso à internet...

– Saiba que nem todos os funcionários têm essas mordomias – frisou a chefe do Departamento Pessoal do Banco, que veio apresentar-se. – Quando você dá algo às pessoas, elas se tornam irresponsáveis e abusam dos privilégios.

O tom de voz parecia indicar que era ela quem pagava a conta, o que é pouco provável. Quando o palacete estiver restaurado, poderei me comportar como se fosse meu?

O maior problema dessa sala é a falta de luz natural, e a janela que dá para um triste pátio interno no subsolo. Se eu me pendurar na extremidade direita da vidraça da janela, conseguirei ver uma nesga de céu, mas, convenhamos, não é uma posição muito cômoda. E hoje menos ainda. Dois dias depois, ainda sinto os estragos das sete horas de caminhada do domingo passado.

Volto a me sentar com delicadeza no sofá de revestimento de pele, tentando esquecer minhas dores, e resolvo telefonar para Sara, a babá, para lembrá-la de seu compromisso de hoje, o primeiro.

A logística forçada, fruto de meu primeiro novo emprego, até que não me saiu de todo mal. Como os horários não são rigorosos, posso deixar Maya na escola todos os dias. Vinte e cinco minutos depois já estou no palacete, mas sou eu que marco as reuniões, portanto nunca agendarei um compromisso ou uma visita antes das nove e meia da manhã. As tardes já não são tão organizadas, por isso combinei a agenda com meu ex. David e eu concordamos em duas tardes para cada um, e contratamos uma babá para tapar os buracos e os imprevistos. A primeira babá de Maya.

Árdua tarefa a da seleção, não só por eu ser exigente, isso eu sou, mas porque quase não há quem queira trabalhar "uma ou duas tardes por semana". Se você não contratar alguém para a semana inteira – fora as sextas-feiras, quando muito –, das cinco às oito da noite, você está perdida. E as noites são um caso à parte, se achar quem se disponha a trabalhar nesse horário. Tive que mover céus e terra, o que significou telefonemas a familiares, ex-familiares, amigos e vizinhos. Finalmente, Sara, a solução, veio da fonte mais lógica: a temível mas eficaz Associação de Pais e Mestres da escola e a mais temível e ainda mais eficaz "mãe de Victor, Marina e Mateus", que conhecia uma amiga da irmã mais velha da babá de sua cunhada, que estava tão ocupada com seus estudos de Psicologia que só podia trabalhar "uma ou duas tardes, no máximo três, muito de vez em quando". Quando ela me falou isso, respondi: "Perfeito, juntou a fome com a vontade de comer". Acho que ela não entendeu. Mas foi assim que Sara entrou em nossas vidas.

– Sara? É a Sara? – ouve-se uma barulheira infernal do outro lado da linha.

– Estou no trânsito, não consigo ouvir! – não sabia que Sara tinha carro... esses jovens de hoje já têm tudo aos vinte anos...

– Sara? Sou eu, Cristina, mãe da Maya, lembra de mim?

– Não, não estou lembrando! – meu Deus, ela precisa pegar a menina na escola agora à tarde e não se lembra nem de seu nome!!!

– Sara, a gente se falou outro dia – começo a explicar bem devagar para ver se me faço entender, e um calafrio e um arrependimento fortuito tomam conta de mim simultaneamente. Por que compliquei minha vida? Por que este trabalho? Quem vai pegar Maya, agora que sua pobre mãe está enrolada na restauração de um edifício decadente? – Sara, escuta, a gente conversou na cafeteria que fica do lado da escola...

– Que escola? – ai, Jesus, nas mãos de quem fui deixar minha filha?!

– Escuta, Sara – procuro manter a calma, enquanto planejo estrangular a "mãe de Victor, Marina e Mateus".

– Sara? Me desculpe, mas acho que a senhora está enganada, não sou Sara.

– Então por que você continuou a conversa? – pergunto já irritada, ainda em estado de choque.

– Meu nome é Clara. Não estava ouvindo nada! – *clic*.

Bom, pelo menos tenho outra possibilidade de que Sara não sofra de amnésia, mas agora o que eu não tenho é o número do telefone dela. Uma vez mais vou demonstrar à eficaz "mãe de..." que sou o oposto dela. Enfim... Alguém me liga na outra linha. Escrevo em um *post-it*: "Telefonar para Sara", enquanto atendo a outra ligação:

– É da Irmãos Roma, a loja de ferragens. Passo a ligação? – tenho uma secretária, compartilhada, mas tenho secretária.

– Sim, claro.


Não consegui evitar: telefonei para Sara duas vezes – três, se contarmos a ligação da manhã para lembrá-la do compromisso –, para ver se tudo corria bem. Sinto muito, sinto muito, sinto muito. Queria dominar o impulso, mas ainda me faltam algumas aulas para aprender a arte de delegar tarefas e confiar nos outros. Felizmente, não havia nenhum problema. Não queria dar a impressão de uma dessas mães desconfiadas ou obsessivas, e algumas ligações, para saber se já chegaram em casa e se Maya lanchou, não me parece algo exagerado.

O que esperava: ouvir Maya chorar desesperadamente porque sentia minha falta? Até parece! As boas babás fazem o que às vezes nós, pais, não somos capazes de fazer com as crianças: brincar com elas o tempo todo. Quando cheguei em casa, Maya veio correndo ao meu encontro, mas era para me contar tudo o que havia feito. Acho que essa tarde me senti mais desamparada do que minha filha.

– Olha só, mami! Olha só, a gente desenhou um tabuleiro com lápis de cor, é um concurso.

– Que lindo, Maya! – digo a ela, enquanto deixo a bolsa no aparador e lhe dou um meio abraço, tirando o agasalho.

– Tudo bem que Sara desenhou quase tudo, mas a gente meio que criou as regras entre as duas. Olha só, mami!

– Que legal! Daqui a pouco a gente brinca junto, ok?

– Estou cansada, mas podemos brincar de boneca – percebo que Sara, sem que eu diga nada, se levanta do chão e começa a recolher os lápis de cor espalhados pela mesinha da Maya. Manchou a blusa e o cabelo está desalinhado por causa da agitação, preso por uma presilha, mas não parece se incomodar muito.

– Tudo bem, Sara?

– Sim, sim, Maya é muito legal. Dei banho nela assim que chegou porque se sujou na escola e queria se trocar.

– Sim, ela é muito fofa!

– Pensei que assim aproveitava e já lhe colocava o pijama... não sei se fiz bem.

– Mas é claro que sim. Assim já está de banho tomado! Perfeito.

– Também ia preparar o jantar, mas não sabia o que a senhora queria comer...

– Não, não, você não precisa se preocupar. A essa hora eu posso preparar o jantar sem problemas. Não se preocupe com isso, mas obrigada pela atenção – a garota recolhe a mochila e a bolsa e vai embora.

Sara, acerto número 1.

O banho da manhã é um momento produtivo em minha vida. Eu não canto, penso. Debaixo da água costumo ter boas ideias. Organizo o dia, repasso e soluciono problemas, enquanto me esfrego com a esponja e um gel que, além de hidratar a pele, me poupa da desagradável sensação pegajosa do creme.

Hoje minha cabeça está aliviada porque estou satisfeita com o andamento das coisas: comecei no novo emprego com o pé direito, e o que parecia ser um tremendo desafio para minha pequena família, que se resume a Maya, aparentemente não será um bicho de sete cabeças. Muito pelo contrário, minha filha tem demonstrado perceber que, ainda que sua mãe tenha mergulhado de cabeça, está feliz. Além do mais, apareceu outra pessoa em sua vida, Sara, de quem ela gosta. Agora só preciso cruzar os dedos para que Maya não fique doente. Minha mãe me prometeu que deixa tudo para vir cuidar da menina, se precisar, e eu acredito nela, mas preferia não colocá-la à prova. Às vezes tenho a sensação de que decidiu que o que fez por mim e por meus irmãos já foi suficiente para cobrir sua cota de sacrifícios e entrega a Deus e que agora o tempo que lhe resta é todo seu. Não posso censurá-la por isso. Ela criou quatro filhos praticamente sozinha, como todas as mulheres de sua época. Nos anos 1960 e 1970, a maioria das mulheres era dona de casa e os homens trabalhavam, às vezes em mais de um emprego. Ralavam fazendo horas extras – que naquele tempo eram realmente pagas – para sustentar a família, pagar a escola e a faculdade dos filhos, dar a eles tudo o que não puderam ter. Além disso, tinham que comprar o Fusquinha, o Fiat 147, o Chevette... e, finalmente, a casa na praia, onde as crianças passavam os três meses de verão com a avó a tiracolo. Nossos pais suavam a camisa e faziam malabarismos para chegar ao final do mês e conseguir pagar as prestações dos novos eletrodomésticos que apareciam nas lojas. Portanto, mamãe, a senhora tem todo o direito de parar de dar banhos e levar as crianças ao pediatra.

Quanto ao trabalho... talvez pudesse organizar os relatórios sobre o processo de restauração para agilizá-lo um pouco e evitar que a equipe perca tanto tempo com procedimentos burocráticos, quando o necessário é que tenham uma espátula à mão. Se os centralizar, só terei que dar um visto e pedir a Clara, a secretária, que tire cópias. Evitaremos que cheguem a todo mundo em duplicidade e pouparemos as montanhas de papéis e o trabalho dos garotos, o que os deixará mais satisfeitos.

Saio do chuveiro escorrendo água e otimismo. O que não acontece na banheira...

O intervalo do café é uma dessas conquistas sindicais que as mulheres com problemas de peso deveriam boicotar. Mas até mesmo em um edifício parcialmente em reconstrução isso está estabelecido. Na metade da manhã descemos das galerias superiores, onde estamos reconstituindo o fundo das pinturas.

Ao meu lado, no pequeno escritório-lata de sardinhas, a assistente administrativa do departamento de recursos humanos, que pesa uns noventa quilos socados em um metro e sessenta, devora um enorme sanduíche de salame. Não tenho nada contra, mas me chateia o fato de que, ao se sentar diante do micro-ondas, não conseguimos esquentar um copo de leite. Maya já teria dado um berro, mas eu não tenho seis anos.

A vantagem desses intervalos é que são ótimos momentos para a troca de informações quando a gente tem inúmeros problemas domésticos para resolver: como tirar manchas de estofados, descobrir novas receitas de comidas ou remédios caseiros para tudo quanto é tipo de doença, ou onde encontrar eletrodomésticos pelo melhor preço. No meu caso, que nunca tive esses assuntos como prioridades, essas sessões de vinte minutos estão sendo muito úteis. Desde que comecei a trabalhar no projeto, minha roupa está mais limpa e Maya se alimenta melhor. Na vida tudo se aproveita. O fato de a restauração ser uma profissão feminina contribui para isso: pedreiros e carpinteiros não costumam lidar com essas aporrinhações.

Agora mesmo estou repetindo cá com meus botões, como uma ladainha, o segredo para que um caldo não saia nem escuro nem gorduroso, enquanto duas ou três colegas, com a xícara de café com leite na mão, discutem sobre a melhor maneira de fazer uma festa infantil.

– Eu, com os meus filhos, já cansei de fazer festa de aniversário em casa. Era uma loucura! Teve um ano que precisei até pintar a sala no dia seguinte! Quinze crianças não cabem em uma casa.

– Mas é tão legal fazer a festa em casa...

– Porque seu filho faz aniversário no verão e as crianças podem brincar no quintal. Assim qualquer um faz. Quando acaba, recolhe-se o lixo, joga-se uma água e vai dormir tranquila.

– A solução agora são os buffets infantis – diz um dos carpinteiros que acaba de apontar a cabeça no corredor. – Você faz a reserva, paga, e eles se encarregam de tudo, até do bolo. E tem um monte de brinquedos, que é do que as crianças mais gostam – continua falando, enquanto se afasta com um orçamento na mão.

– Olha esse aí, que tranquilidade, pagando...

– Pois para mim – é a primeira vez que sinto vontade de entrar nessas conversas, das quais costumava fugir, porque achava tudo uma grande chateação –, a festa de aniversário de criança mais bacana foi a que os pais de um colega de classe da minha filha organizaram no Jardim Botânico. Fizeram um piquenique debaixo de uma árvore frondosa, enfeitaram os galhos com guirlandas coloridas e balões, as crianças tiveram que participar de uma gincana para encontrar o bolo... foi algo realmente mágico. Parecia um bosque encantado.

Quando acabei de contar, me olharam entre enternecidas e impacientes. Desconfio que meu discurso tenha algumas falhas a seus olhos: não forneci informações práticas, como preços ou tipos de comida, nem me ajustei ao tempo que elas querem dedicar a esse tipo de acontecimentos: duas ou três horas. "O importante não é o nível de satisfação dos convidados" – parecem dizer-me: "Não se trata de diversão, mas de ação!". O comentário seguinte nos direciona para outra opção menos bucólica:

– No meu caso, o clube é sempre a melhor opção – dispara a mais pentelha.

Quanto a mim, continuo martelando em minha cabeça como fazer "o autêntico caldo".

São dezoito horas deste mesmo dia. Calculava sair às dezessete e ainda estou no trabalho... e o pior de tudo é que ainda tenho que ficar um pouco mais. E por falar em festas de criança...

– Sara?

– Sim, sou eu.

– Oi, olha só, sou eu, Cristina, a mãe de Maya.

– Oi, tudo bem?

– Bem... um pouco atrapalhada. Sei que havia dito que você não precisava pegá-la na festa, mas o problema é que me enrolei um pouco aqui no trabalho e não sei se consigo chegar a tempo. Sei que está em cima da hora, mas será que você poderia pegá-la, entre sete e meia e oito? Por favor, diga que sim – meus dedos tamborilavam na mesa.

– Sim, claro, estou em casa estudando. O que preciso fazer? Pegá-la, dar banho...?

– Não, basta você levá-la para casa. Acho que conseguirei chegar às oito e meia e me viro com o resto. Posso passar o endereço da festa?

Oito e quarenta e cinco consigo estar em casa. Minha maravilhosa ideia de aliviar o trabalho de meus colaboradores repercutiu de imediato e de maneira absurda na sobrecarga do meu. Minha iniciativa de reduzir a burocracia, além de fazer graça a algumas das veteranas, me valeu uma amável repreenda do chefe administrativo e o sufoco de fazer horas extras porque, como se não bastasse, escolhi a data-limite de apresentação do relatório mensal para introduzir as mudanças. Resultado: com toda a probabilidade, o pior relatório em anos, um puxão de orelhas, a sensação de falta de profissionalismo crescendo, e eu chegando tarde para minhas obrigações com Maya.

Ao abrir a porta, Maya se lança em meus braços.

– Oi, meu amor, como você passou o dia? – falo com um som gutural, porque Maya quase me estrangula. Não há resposta, talvez um aperto ainda maior.

– Maya, você vai me estrangular... – olho para Sara com olhar inquisitivo e a babá me parece preocupada.

– Mami, só uma coisa, você jura que não vai se zangar? – me diz escondendo o rosto em meu ombro.

– Tudo bem, não vou me zangar se você me disser o que aconteceu – Maya continua com o rosto enfiado em minha clavícula.

– Acho que ela perdeu os óculos, Cristina. A mãe da Nádia me disse que ela chegou à festa sem eles. Mas a festa foi muito divertida, e o lanche, ao que parece, estava muito bom; ela disse que não quer jantar... além disso, Maya ganhou um estojinho cor-de-rosa muito fofo. – Sara tenta amenizar a situação, mas hoje só me faltava uma faísca para explodir, e o estojo "fofo" não me consola.

– Ah, não, Maya, já é a segunda vez este ano! Que foi que aconteceu agora?

Maya me olha sem jeito e utiliza seu tom de voz de criancinha para ocasiões defensivas.

– Estava brincando de Meninas Superpoderosas com a Susi e a Lúcia, e de repente... já estava sem os óculos. Tenho certeza de que foi Alex que pegou.

Sim, claro, Alex, o pestinha da classe, o alvo perfeito para terceirizar a culpa. Fazer Maya manter os óculos em cima do nariz durante mais de três horas seguidas é um das tarefas mais difíceis que me cabem como mãe. Seu pai e eu experimentamos todas as estratégias, truques e até golpes baixos para conseguir essa façanha, mas ela considera os óculos um brinquedo e, portanto, não param quietos. O resultado é que viramos clientes *vip* da ótica do bairro. Já nem me dou ao trabalho de escolher um modelo diferente ou mais bonitinho de armação. Para quê? Só vão durar dois meses. Desisto!

— Mayaaaaaaaaaaaaaaaaaaaaaaaa!

— ...

— ... Por que você não toma mais cuidado?

— ...

— Não adianta dizer que custam caro e não são brinquedo?

— ...

— Já sei que não... Mas amanhã você terá de perguntar se alguém os encontrou no pátio. Vamos ver se damos sorte desta vez e economizamos um dinheirinho...

Vou me deitar com um estado de ânimo bem diferente daquele da manhã. Jogada na cama, tento dormir, mas me sinto soterrada pela avalanche de pequenos desastres do dia. A repetição constante de um mesmo erro de Maya me deixa frustrada e, para piorar, meu próprio erro profissional me causou um problema. A partir de agora cantarei debaixo do chuveiro, como as pessoas normais.

# capítulo

# 3

Maya dormindo, o dever de casa feito, a louça do jantar na lavadora, a roupa da manhã preparada na cadeira da menina, e também a minha na banqueta do meu quarto. Enfim posso me sentar e ver um pouco de televisão... ah, o vício das séries do qual não consigo me libertar!

*Trimmm, trimmm, trimmm.*

– Cristina, sou eu, o David. Estava dormindo?

– Não, claro que não.

– Maya está acordada?

– David, se às onze da noite a menina ainda estivesse acordada, ou estaríamos de férias ou teríamos algum problema. E não se trata de nenhum dos casos. A menos que você a tenha acordado com o barulho do telefone...

– Ah, duvido! Quando embarca, não acorda nem com um terremoto.

Isso é verdade e, infelizmente, bem ao contrário do que acontece comigo nos últimos tempos. Com certeza, meu ex continua dormindo despreocupadamente, como quando vivíamos juntos. Ter alguém que ronca como um porco ao seu lado, enquanto você se debate em insônia, pode até justificar um homicídio. Confesso que às vezes chegava a lhe dar umas cotoveladas ou me mexia com mais força na cama para ver se ele se solidarizava e sofria em claro comigo.

David, como de costume, dá voltas e vai tateando o terreno para ver por onde é melhor me abordar.

– E você, Cristina, como tem passado?

– Exatamente como há dois dias, a última vez que conversamos, lembra? Já recebi o comprovante do depósito da pensão.

– Que bom, mas não é disso que eu falo... Quero saber se você está feliz...

– Considerando que me separei há dois anos, que tenho uma filha que me exige o tempo todo e um trabalho exaustivo, até que não está mal, tenho me virado bem sozinha.

Outra vez, mordo o lábio como toda vez que me atrapalho. Por que tinha de me fazer de vítima? A típica reação da mãe frustrada. Odeio esse tipo de cena, mas parece que minha língua gosta. Erro número 3. Quando isso acontece, minha mãe parafraseia Cary Grant, dizendo que cada palavra é uma oportunidade perdida: não se pode voltar atrás. Do outro lado da linha ouço um suspiro. David está contando até dez, sei disso. A gente conhece profundamente certos detalhes quando se convive com alguém. Além do mais, ele sempre conseguiu dominar seus impulsos melhor do que eu.

– Eu queria lhe contar uma coisa, mas prefiro que seja pessoalmente, você sabe que sempre odiei essa coisa de telefone... – e solta uma risada meio constrangida.

– Sim, sei que por telefone você só dá recados. Mas se for urgente, sinceramente, David, não sei quando poderemos nos encontrar a sós, sem a menina por perto, e desconfio que não se trata dela, não é verdade?

– É verdade. É o seguinte... – percebo como respira fundo.

– Nunca te falei da Cíntia, não é?

Quem?

– Cíntia? É uma garota inglesa? – como posso ser cruel...

– Não, não é inglesa. Você se lembra que comentei que estava saindo com uma garota... assim, meio que sem compromisso?

– Isso quer dizer que *você* não queria compromisso? – mais crueldade... meu dia foi mesmo péssimo.

– Bem, não, sim, quer dizer... O fato é que queremos assumir um "certo" compromisso.

– Segunda, terça e sexta na sua casa, e o restante da semana na casa dela? – decididamente tive um dia de cão, mas essa garota de "quase 25 anos", como me disse David quando me falou a seu respeito, me deixa louca. Como não vou me lembrar dela?

– Cristina, não é brincadeira... Quero dizer que estamos pensando em morar juntos, que vamos viver juntos.

"Minha vingança será maligna", onde será que ouvi essa frase? A crueldade se volta furiosa contra mim como um tornado e me suga até a medula. Ter a confirmação de que seu ex vai se casar novamente, "pra valer", é uma das provações mais difíceis a todo divorciado, por mais que o amor tenha acabado há muito tempo. Enquanto tento conter as lágrimas que querem sufocar minha voz, ouço as explicações meio atabalhoadas de David, que também passa por apuros. Na televisão um *reality show* qualquer desvenda a simulada intimidade de um casal. Brigam ao vivo, lançando ofensas um na cara do outro, em autêntica demonstração de que disputam uma competição.

– Não, não sabia que a coisa era tão séria...

– A verdade, Cris, é que a gente não tem conversado muito nos últimos tempos de nada que não seja sobre Maya. E eu ficava sem graça de tocar no assunto, para não parecer inconveniente – o fato de ser meu ex não lhe tira a inteligência que sempre teve.

– Mas ela é muito jovem, não estão se apressando?

– Bem, não muito, além do mais Cíntia é muito madura e sabe o que quer.

E será que o que ela quer, me pergunto, é um quarentão que adora passar as noites de quarta-feira diante da televisão com umas cervejas e algum amigo assistindo a uma partida de futebol? Ou o domingo jogado no sofá em vez de sair com os amigos para fazer um churrasco, digamos assim? Não entendo nada...

– Posso lhe fazer uma pergunta? Como você pretende compatibilizar a energia que uma garota de 25 anos deve ter com a sua falta de pique?

– Bem, não acho que seja exatamente assim. Sou uma pessoa muito ativa.

– Sim, até sair do trabalho. Mas logo sua falta de interesse pelo mundo em geral e por sua esposa, perdão, ex-esposa...

– Cristina, é preciso saber contextualizar as coisas, isso era fruto da situação em que a gente vivia. Acho que você se deixou levar, eu precisei me virar e o que a gente tinha morreu. Você nunca tomava a iniciativa em nada...

– Eu? Eu? – minhas lágrimas se transformaram em dardos raivosos. Enquanto minha língua bloqueada procura palavras com que bombardear, David acerta uma direta e não me deixa dar uma cartada.

– Cíntia tem capacidade de liderança, faz propostas criativas para a relação, é capaz de agregar pessoas de diferentes grupos e sempre consegue otimizar seus recursos.

O que quer dizer, decodificando a linguagem em que David se refugia quando tem de falar de sua vida íntima, e traduzindo segundo meu dicionário particular: "É uma mandona que com seu jeitinho de menina mimada satisfaz todos os seus caprichos à custa dos outros".

– Ok, me dê um exemplo.

– Por exemplo, esse fim de semana a gente vai esquiar.

– Mas você nunca esquiou na vida! A última vez que praticou algum tipo de esporte foi como gandula no clube de tênis que seu pai frequentava aos sábados pela manhã. Você sempre preferiu ficar na arquibancada...

– A gente precisa se reciclar, Cris... Foi o que eu percebi, ainda que um pouco tarde, mas percebi. Além disso, Cíntia esquia há muito tempo e confio plenamente nela para me ensinar.

– E devo supor que aos sábados à noite você vai virar o rei das pistas.

– Você sabe que para que me arrastar para dançar é preciso de um guindaste – agora mesmo posso imaginar seu sorriso idiota, que antes me parecia tão sedutor –, mas temos ido a alguns shows muito bons, e no meu aniversário ela me presenteou com dois ingressos para o show do Tom Petty. Foi uma delícia.

Eu nem sabia que Tom Petty ainda fazia shows! Acho que o jantar não me caiu bem...

– Bom, agora já estou a par da novidade. Você sabe que lhe desejo o melhor. Felicidades... – quero cortar numa boa.

– Veja bem, Cris, não estou lhe contando para aborrecê-la, e sim para...

– Não estou aborrecida – corto de novo.

– Tudo bem, que bom, mas se contei é porque acho que seria interessante você e Cíntia se conhecerem. Ela conhece Maya, quer dizer, elas se viram algumas vezes, mas acho que seria importante que você a aprovasse, que dissesse que está tudo bem. Eu faria o mesmo se você tivesse um namorado... Aliás, um namorado lhe faria muito bem, Cris.

– Sim, claro, algo do tipo uma grande família moderna e feliz, não é? – digo em tom de deboche.

– Sim, exatamente.

Deus! Como pode ser tão obtuso? Como se constituir uma família fosse algo assim tão fácil! Como se os parentes e seus problemas de repente não começassem a surgir como duendes de um conto infantil. E penso se esse mundo ingênuo que ele construiu para si não será fruto das histórias que leu para Maya, depois que deixou de arrumar desculpas para se safar dessa tarefa também. A única coisa em que essa situação se parece com uma família é que eu não escolhi seus membros.

– Olha, pra ser sincera, não estou muito a fim de conhecer essa tal de Cíntia. Pra mim ela nem fede nem cheira. Mas se você conseguir me convencer de que é importante para Maya, eu sou capaz de concordar. Mas você vai ter que se esforçar.

Dez minutos depois, combinamos um encontro para a semana seguinte, no parque. Seu poder de persuasão recuperou o vigor de antigamente.

Ligo a televisão de novo, que sem perceber havia desligado de tanto me remexer no sofá durante a conversa. Preciso assistir a algum lixo para canalizar o excesso de adrenalina, xingando o programa.

Algumas noites depois, nossa casa vira uma festa para Maya. Minha amiga Eva deixou as duas meninas dela comigo com um beijo, uma maletinha e um tchau apressado, porque ela e Paco vão ao teatro. Dora e Marcela são boas meninas e, embora as três juntas causem um furacão, não me incomodo de que durmam em casa. Elas se divertem tanto... Se conhecem desde que nasceram e sempre brincam juntas, quando Eva e eu nos encontramos. Já nem tentamos fazer isso sem elas, porque a verdade é que, enquanto brincam, a gente consegue conversar em paz – pelo menos agora. Quando eram bebês, a situação era diferente: bastava a gente engrenar num papo gostoso que uma delas resolvia berrar, como se intuísse qual era o ponto alto da conversa. Interrompíamos a conversa como se essa fosse a sina de nossa condição de mães. Agora elas são mais independentes, e nós estamos mais experientes, e embora às vezes pareça que nossa amizade evoluiu e nos encontremos mais por elas do que por nós, curtimos essas horinhas para fofocar, trocar conselhos e opiniões sobre a vida e o mundo, enquanto elas se esbaldam nos brinquedos do parque. De mais a mais, nos últimos meses iniciamos uma nova atividade infantil que é uma reinterpretação descarada de nosso *hobby* pessoal: de vez em quando substituímos o aquário ou o parque de diversões por exposições de arte. A experiência tem dado certo, embora Eva e eu concordemos que ainda é preciso fazer alguns pequenos ajustes, coisa sem muita importância: 1) uma hora é o tempo máximo de tolerância, sobretudo no caso de Marcela, a menor, de 4 anos, que se cansa e abre o berreiro; as outras simplesmente ficam apáticas e entediadas se ultrapassamos esse limite; 2) a pintura abstrata é melhor descartar, já que há pouco para falar a respeito dela com crianças menores de sete anos; e 3) melhor evitar as galerias particulares, a menos que sejam de conhecidos, pois em geral não gostam de pingos de picolé no chão e de gritos de "quero ir pro parque", sem falar na dificuldade de trocar fraldas... Não é nada *cool* nem elegante!

Apesar dessas restrições, reabriu-se para nós um mundo que Eva e eu havíamos nos resignado a esquecer. É um alívio saber que há outras opções para as manhãs de domingo além do zoológico.

Hoje sou a guardiã das três "pestinhas", que estão trancadas no quarto de Maya, onde só se pode entrar após dizer a senha, que está pendurada na porta para as mães esquecidinhas. Elas deixam claro que minha visita é uma intromissão. Mas já que será difícil dispor de tempo para mim com três baixinhas dentro de casa, resolvo me dedicar à causa de corpo e alma. Estão contando os sonhos que tiveram na noite anterior. Maya disputa sua capacidade de liderança com Dora, enquanto Marcela penteia a irmã com uma miniescova, que faz pose de senhora chique, do tipo que vai ao salão fazer o cabelo.

– Sonhei que o mundo era todo de chiclete: as árvores, as escovas, as casas – tenho certeza de que é mentira, de que ela está inventando para impressionar as meninas.

– E do que eram feitas as pessoas? – pergunta Dora, desafiadora.

– Só tinha crianças, e só meninas, e éramos normais, o resto era de chiclete – esclarece Maya.

– Mas se uma casa é de chiclete ela ia se esticar quando a gente entrasse... E como sentar nas cadeiras? – diz Marcela, sem parar de pentear a irmã.

– Na verdade as casas eram de chocolate, e aí as crianças... – explica Maya um pouco impaciente.

– Eu sonhei... – agora é Dora que monopoliza a atenção, cortando rispidamente Maya. Começam a treinar desde pequenas o que é a conversa habitual de adultos: cada um conta o que lhe interessa sem prestar atenção no que o outro diz – ... que estava no mundo dos *Games*.

E diz isso ressaltando a palavra *games* de maneira esnobe. Não, Dora, nem me fale nisso, *videogame* não, por favor. Maya está começando a pedir, e não estou a fim de comprar porque as crianças ficam viciadas. Basta olhar para Dora. Quem disse que videogame é brinquedo de menino?

– Eu quero ser uma Menina Superpoderosa – diz Marcela.

– E dos pais? Vocês nunca falam do papai e da mamãe? A gente passa o dia todo falando de vocês.

– Os pais não interessam às crianças. Na escola ninguém fala dos pais.

Será que vou ter que começar a admitir que os filhos são uns ingratos, pelo menos até os 18 anos, ou 25... ou até que eles mesmos tenham filhos? Isso faz com que me faltem pelo menos uns... vinte anos! E levando em conta que as jovens estão adiando cada vez mais a decisão de ter filhos, é muito provável que sejam mais de vinte e cinco. Não sei se aguentarei tanto tempo para que meus esforços sejam reconhecidos!

Prefiro ir à cozinha preparar o jantar a ser solenemente ignorada pelas meninas. Tudo o que faz falta a Maya quando estamos sozinhas ela tem de sobra quando está com outras companheiras de brincadeira. E digo "companheiras" porque os meninos definitivamente não são bem-vindos! Aos três anos era indiferente o sexo da criança com quem compartilhava seus bichinhos de pelúcia ou seu quebra-cabeça. Na verdade até preferia não dividi-los com ninguém. Mas agora os meninos estão em sua lista negra, e brincar de carrinho ou de futebol "é coisa de menino" e "os meninos são uns idiotas" que "não gostam de brincar de casinha, como nós". Nem David nem eu lhe demos uma educação sexista, pelo menos não de forma consciente, e minha mãe jura de pés juntos que sempre fui muito tolerante na infância. Nem gostava de brincar de bonecas! No máximo de casinha, mas um de meus irmãos sempre participava. Preciso conversar com Maya a esse respeito. Embora tenha certeza de que quando começar a se interessar por meninos... começarei a tremer.

Comprei aquelas batatas sorridentes pré-cozidas pensando nas meninas, e vou decorar os hambúrgueres com ketchup e mostarda. Sei que não é a alimentação ideal, mas em uma noite de fim de semana é permitido. Nós, adultos, não fazemos a mesma coisa com as nossas dietas?

Fui a dois supermercados para encontrar o sorvete preferido de Maya, *cheesecake* de morango, que servirei com cobertura de chocolate. Já me imagino como Juliette Binoche no filme *Chocolate*, servindo a torta com o melhor de seus sorrisos, um avental impecável e uma maquiagem perfeita. Não é meu estilo – faço mais a linha Maryl Streep em *Kramer versus Kramer*, mas mais adulta e chorona –, mas a noitada infantil me impele nessa direção. Talvez esteja sucumbindo ao astral que tomou conta da casa.

Quando estou a ponto de colocar o avental de plástico, que só precisa de um pano úmido "e-está-limpo", decorado com um grande ovo frito, toca o telefone. Por um instante até os poucos fios brancos que comecei a encontrar em meio aos meus cabelos escuros ficam arrepiados. Espero que não seja David! Desejo fervorosamente que não seja meu ex para me contar detalhes de sua nova, ativa e bem-sucedida vida sentimental, enquanto eu estou aqui, em plena noite de sexta-feira, dobrando guardanapos da Disney para três meninas que são as únicas convidadas da minha balada.

– Sabia que você estava em casa! É a sua vez de ficar com Maya este fim de semana, não é?

– Claro, você sabe que, caso contrário, desde as oito da noite da sexta começo a "enfiar o pé na jaca" e só paro de escutar *rock'n'roll* no domingo a noite – digo a Diana, segurando o aparelho com o ombro, enquanto tiro as batatas do congelador.

– Ok, ok, mas você precisa se reciclar se quiser bancar a moderninha. A moda agora são as *raves*.

– Que diabo é isso?

– São festas ao ar livre, com música eletrônica e *lounges* para descansar. Traduzindo, rola muito som, muita bebida, muita gente...

– Olha aqui, lindinha, não me venha com essa, que você também não tem mais 20 anos. Isso não combina com a gente, já falamos disso mil vezes – ai, eu odeio quando Diana quer dar uma de descolada! Me sinto a avó dela!

– Tudo bem, mas é que desde que comecei a ficar com o Chico, resolvi dar uma reciclada, para ele não pensar que sou uma múmia.

– Múmia? Com os modelitos e os tênis que você usa, parece que mal saiu do colégio, uma garotinha... Realmente me preocupa essa sua regressão à adolescência. Que é que tá acontecendo? Você agora também resolveu "pegar pra criar"?

– Pode parar, que o Chico tem 29, e não me venha comparar com o seu ex. Que culpa eu tenho, se o Chico curte uma mulher mais experiente? Além do mais, Cris, essa história de idade...

– Ah não, só falta agora você dar razão ao David!

– Bem, lindinha, da próxima vez que você estiver num dia péssimo deixe a ligação cair na secretária eletrônica. Eu, hein! Qualquer coisinha já tira a madame do sério...

– Ok, ok, também não é pra tanto, e você não tem culpa de nada. É que estou preparando o jantar da Maya e das filhas da Eva...

– Ok, hora imprópria. Vou colocar um aviso ao lado do telefone: EVITAR TELEFONEMAS PARA MAMÃES DAS 19h30 ÀS 21h30. Evidente que cada lar é um mundo e aí você telefona às onze da noite para a casa de outra e ela e o marido estão "discutindo a relação". Que medo! Bom, vamos lá. Duas coisinhas: encontrei uma superoferta em São Petersburgo para a Semana Santa, quatro dias, hotel quatro estrelas, mil euros.

– Carésimo e superfrio, dois motivos inegociáveis. Descartado.

– Assim é que eu gosto, flexibilidade! Sabia que você ia dizer não... Nunca me decepciona.

– Obrigada, prossiga.

– Segunda coisa: na próxima sexta-feira Chico vai inaugurar uma exposição coletiva e depois uns amigos dele vão dar uma festa alternativa num prédio perto da sua casa. Topa? Estou te avisando com antecedência para ter tempo de marcar a cabeleireira, pensar no que vai usar e coisas do tipo...

Muito engraçadinha... há quase seis meses não ponho os pés num salão de beleza. Se dependessem de mim, as manicures e cabeleireiras morreriam de fome.

– Só uma coisa: vou segurar vela? Claro que sim... E mais uma dúvida: a festa é "alternativa" a quê? Porque se é alternativa, deve ser porque há uma outra opção ou não? É alternativa por oposição a quê?

– A pessoas caretas como você? Que vai fazer para jantar?

– Hambúrgueres e batatas *smile*. De sobremesa, sorvete de *cheesecake* de morango e cobertura de chocolate.

– Uaaauuu! Me convide para jantar! Minha geladeira está morrendo de rir de tão pouco trabalho que tem.

– Tá de brincadeira? Justo você vai querer participar de uma balada infantil?

– Vai ver que é trauma de infância. Falo sério: posso ir?

– Ok, então, está convidada. Assim poderei falar de outra coisa que não filmes de desenho animado, adesivos e das meninas do colégio.

– Combinado, então. Vamos discutir os preços da cesta básica. Chego em meia hora!

Especialista em duchas rápidas e em acelerar antes de o sinal ficar vermelho, Diana e sua moto chegam em qualquer lugar da cidade num instante.

– Não trouxe nada para as meninas porque achei que não estivesse faltando nada, tudo bem?

Esse é o lado bom/mau de Diana: ela se lixa para as convenções sociais. Quem dera eu pudesse dizer o mesmo! Guardo o seu casaco e vamos para a cozinha, onde as meninas estão esperando para jantar. Quando Diana se senta, se atiram em cima das batatas. O hambúrguer só corre o mesmo risco no prato da pequena Marcela.

– Diana, como não tem hambúrgueres para todo mundo, pensei que você e eu pudéssemos comer uns crepes recheados com qualquer coisa.

– Sem problema.

– Crepes! – Maya dá um pulo. – Eu quero crepe!

– Não, Maya, você tem hambúrgueres.

– Mas eu queria crepes, tô com muita vontade...

– Maya, sem gracinhas com a comida! Você tem um hambúrguer supergostoso que parece o Senhor Batata, com os olhos, o nariz de cenoura, a boca. Como pode não querer?

– É que eu não sabia que ia ter crepes, por favor, por favor.

Essa é a típica birra infantil que, dependendo do meu estado de ânimo, pode ser mais ou menos difícil de neutralizar. Diana não ajuda em minha firmeza pedagógica:

– Olha só, passa pra cá o hambúrguer Senhor Batata e você fica com o meu crepe... Resolvido.

Dessa forma, tenho que capitular em minha regra "come-se o que está na mesa ou não se come nada". Depois de dez minutos os crepes estão prontos e Diana está devorando o hambúrguer com a disposição de uma menina de 7 anos. Maya olha para o crepe, parte-o e saboreia-o com o semblante de uma velha dona de casa que tivesse encontrado um fio de cabelo na xícara de chá.

– Qual o problema, Maya? – pergunto impaciente, enquanto tento fazer com que Dora coma as batatas já frias.

– Não gostei – diz com a boca cheia.

– Mas... como? Então... por quê...? – estou perplexa e várias outras coisas impronunciáveis.

– É que nunca tinha experimentado...

Essa é uma das vezes em que Maya ganha de mim de goleada. Diana me olha intrigada, parando de mastigar o hambúrguer que tem na boca. Faço-lhe um sinal resignada para que o acabe. Fico na dúvida entre castigar Maya, deixando-a sem jantar, ou cozinhar o terceiro prato da noite, enquanto me empanturro de calorias ao comer o crepe que ela deixou pela metade.

– Cris – me diz Marcela, alheia a qualquer coisa que não seja seu prato.

– Diga, meu bem.

– Você "ponhou" coisas muito gostosas. É uma boa "cozinhadeira".

– Obrigada, Marcela.

Depois de algumas batalhas para fazer com que fossem dormir com a inestimável "ajuda" de Diana, que passou com a maior cara de pau para o partido da resistência "antissono", estamos deitadas no sofá, bebendo uma taça de vinho.

– Isso é bem mais cansativo do que uma sessão de fotos, não é, Diana?

– Claro que é! Me faz uma massagem nos pés pra compensar.

– Vai te catar! Você me aparece aqui e se esforça por detonar minha pedagogia...

Ficamos em silêncio, por causa do cansaço, para encontrar outro assunto; chega de mundo infantil.

– Bem, já que não vamos a São Petersburgo, que tal Amsterdã? Com certeza encontraremos passagens baratas.

– Não, Cris, eu adoro Amsterdã, mas estive lá há coisa de três ou quatro meses. Quero variar. Além do mais, também está muito frio por lá, lindinha.

– Sim, mas não vinte graus abaixo de zero, como na Rússia. Vamos pensar em alguma coisa... tenho a impressão de que os dias passam e nada me acontece.

– Como não te acontece nada? Se seu dia a dia é uma verdadeira montanha-russa! A menina exige mais atenção do que um filme de Arnold Schwarzenegger, está de emprego novo, todos os dias faz alguma trapalhada...

– Isso não é verdade!

– Além do mais tem o risco. Toda vez que vejo você em cima dos andaimes, tenho vontade de chamar uma dublê para te substituir.

– Mas eu me refiro a coisas mais sublimes, Diana, que mexam com minha vida, me tirem da rotina.

– O que eu acho é que você está mal-acostumada. Não pode ir se separando das pessoas, por exemplo, que é uma coisa transcendente, a cada quinze dias. Embora, pensando bem, fazer isso a cada dois ou três anos até que não é nada mau.

– Diana, por favor...

– Não, não, estou falando sério. Se o amor, se a paixão acabam, então já pra rua... não precisa apresentar pra família, nem chegar a ponto de conhecer seus defeitos mais patéticos, nem quebrar a cabeça para encontrar um presente pela quinta vez... porque não chega ao quinto aniversário. A fórmula perfeita. A primeira vez é dureza, mas depois, minha filha... é como trocar de dentista ou de ginecologista; pra falar a verdade, me daria mais trabalho deixar minha ginecologista.

– Ainda bem que não te deixei fazer essas reflexões na frente das meninas. O que eu quero dizer é que obviamente não posso mudar a vida todo dia, mas de vez em quando...

– Sim, e depois toda vez que acontecer alguma coisa interessante, tira um ano para digerir, porque você é do tipo ruminante.

– É que a passividade é muito mais deprimente... prefiro digerir mal a morrer de inanição.

– Cris, começo a achar que você sofre de algum tipo de disfunção.

– Ah tá, como se me considerasse Helena de Troia em vez de Cristina Echevarre... Você não me leva a sério.

– Ainda bem... – não conseguiu terminar a frase, porque uma almofada voadora atirada por mim lhe acertou em cheio o nariz.

A manhã seguinte, após um café sem maiores incidentes do que algumas migalhas pelo chão e certa luta pela propriedade de alguma boneca, transcorreu normalmente. Fomos a uma livraria porque eu queria comprar alguns livros e achei que seria mais fácil levar as três meninas do que ir sozinha com Maya, o que exige que eu fique grudada nela. Praticamente as abandonei na seção de livros infantis, enquanto percorria as outras estantes tentando diminuir minha eterna lista que se alonga cada vez mais. Minhas inspeções de controle a cada cinco minutos me confirmavam que as histórias as interessavam o suficiente para mantê-las quietinhas no mesmo lugar por uma boa meia hora. Dei de presente um livro para cada uma delas e saímos de lá contentes, como boas consumidoras.

Agora estamos na cafeteria esperando a chegada de Eva, a mãe das meninas. Como faz um dia ensolarado, a gente pode ficar sob a cobertura da varanda com a sensação de que falta pouco tempo para a primavera. O clima ameno da cidade faz com que se possa desfrutar do ar livre a maior parte do ano, o que para mim é uma bênção.

Eva se aproxima toda risonha, com seu cabelo curtíssimo escondido por baixo de um gorro de lã, mais por pose do que por frio; calça tênis ultramodernos e carrega uma bolsa de *cartoon*. Aproveita que está no centro para fazer suas compras livre das filhas.

– Isso está parecendo um clube de leitura! – surpreende-se, depois de nos cumprimentar.

– É que aproveitei esses momentos em que você me deixou suas filhas para inocular o vírus da cultura. Passamos a tarde inteira e a noite de ontem lendo *Ulisses*, de James Joyce, e agora escolhemos algo mais leve para que você não se sinta coibida.

– Pois olha só, eu acabo de comprar suas leituras favoritas: o *Financial Times* e o *Le Monde Diplomatique*. Não se pode passar sem eles – Eva entra no jogo. – Crianças, esta tarde tenho uma surpresa para vocês: comprei a versão completa de *Parsifal*... passaremos quatro horas escutando ópera. Não é verdade que gostam?

– O que é que você tá dizendo? – dispara Maya, levantando a cabeça do livro que Marcela está olhando.

– Estamos de gozação, Maya, ou será que você quer vir escutar também?

– Mami e eu vamos ao cinema agora à tarde com meus tios, não é mami?

– Esta tarde ou amanhã, Maya, só falta seu tio me telefonar para ver quando é melhor.

– Você disse esta tarde!

– Maya, eu disse à tarde, mas não acertei com seu tio se seria hoje ou amanhã. De qualquer forma você irá, qual o problema?

– Mas você disse esta tarde – insiste.

– Maya, você quer bancar a menina birrenta? Entenda uma coisa: você vai ao cinema e vai assistir ao filme, hoje ou amanhã, não importa quando.

Já está de cara amarrada. Eu me pergunto, enquanto a observo, se entende o que quero lhe dizer e o que a irrita: a mudança de planos? A sensação de que a decepciono? Teme não ir ao cinema? Com duas amigas ao lado, o mau humor não dura mais que três minutos.

– E você, como tem passado? – pergunto a Eva, que está lendo as contracapas dos livros que comprei.

– Bem, bem, quer dizer, mais ou menos. Ontem não contei quando deixei as meninas na sua casa porque senão chegaríamos atrasados, mas – baixa a voz para não ser ouvida – o Paco vai ter que operar mesmo a hérnia de disco, dentro de algumas semanas. Não tem outro jeito, ele não está aguentando mais. As meninas ainda não sabem, e vamos deixar para contar em cima da hora. Estou um pouco agoniada, porque, mesmo não sendo uma cirurgia de alto risco, Paco vai ficar imobilizado e internado por mais de um mês. Não sei como vou me arranjar com ele de cama, as meninas, o trabalho... a gente divide tudo, e agora ele não só não vai poder fazer nada, como ainda por cima terei de bancar a enfermeira.

– Sinto muito, Eva... que coisa chata!

– Bom, a pior parte quem vai suportar é ele. É uma fase difícil, ele sente dor, nos últimos tempos não consegue nem pegar a Marcela nos braços, e agora que sabe que precisa fazer a cirurgia anda nervoso, você sabe como ele é ansioso. Que barra!

– Pobre Paco, pobre Eva. Não se preocupe além da conta, com certeza você vai se arrumar, sabe se virar. Olha, quanto às crianças, pode deixá-las comigo sempre que quiser, nem preciso falar...

– Eu sei, no final tudo se arruma, mas fiquei a manhã inteira remoendo esse problema.

– Pois você vai tirar isso da cabeça já, porque estas duas não vão te dar sossego... e, se quer saber, isso é ótimo!

– Pois é, tanto melhor... Olha, esse romance que você comprou parece uma tremenda pedreira. Como é que você compra esses catataus? E essas mãos, onde você as enfiou?

– Quero lembrá-la que restauração é um trabalho manual, e que minhas mãos têm uma atração toda especial pela cal e um profundo desapego pelos cremes hidratantes, e quanto a esses catataus...

Eva não dramatiza a vida. Se está com algum problema, não perde mais tempo que o necessário ruminando-o. Eu, ao contrário, douro a pílula, douro e douro até queimar, e ninguém consegue saber onde está a raiz do problema que me aporrinha. Em contrapartida, ela aplica o provérbio: o que não tem remédio, remediado está.

Recordo a conversa de ontem à noite com Diana e me sinto estúpida. Quando a gente vira adulto, não param de acontecer coisas, mas é fácil distorcer essa realidade quando perdemos a perspectiva da passagem do tempo. Se fizesse uma lista de tudo o que saiu da rotina no mês passado, ia revelar a radiografia de uma vida um tanto quanto caótica, cheia de acontecimentos... e de manchas de pintura. É provável que eu não encare isso porque meu subconsciente me avisa que não posso me descontrolar.

Exatamente sete dias depois estou sentada na cama de meu quarto, ainda desarrumada e com a toalha de banho largada em cima do colchão. Estou quase vestida, observando o guarda-roupa escancarado, esperando que me diga alguma coisa. São dez horas da manhã e dentro de meia hora tenho que estar no parque dos navios, como Maya chama o parquinho que fica a quatro quadras de casa. Lá estão me esperando minha filha, o pai e sua esfuziante namorada, a quem terei o enorme desprazer de conhecer. Uma farsa combinada pelo meu ex para ficar com a consciência limpa. A mim coube o papel de pierrô triste na pantomima; pior ainda, de bobo da corte, aquele que fica a um palmo do nariz do generoso rei, de maneira que o mais adequado seria me vestir da forma mais escalafobética possível. Mas confesso que quero jogar pelo empate, embora me pareça complicado competir com uma jovem de 24 anos que, além de estar na flor da idade, tirou o meu ex do sério. Que fique bem claro que não pretendo voltar a seduzir David. Uma vez já foi suficiente. Mas preciso mostrar a ele que digiro sua nova relação e que saí ganhando com a separação, embora não tenha muita certeza disso.

Reparando bem, tudo o que "a pequena Cíntia" tem de juventude eu tenho de sabedoria. Estou cansada de ler matérias da *Marie Claire* que garantem que a melhor idade para uma mulher é a partir dos 30 anos. Supõe-se que eu tenha acreditado e que a voz da experiência deveria confirmá-lo. Então, por que estou me debatendo em frente ao guarda-roupa para decidir uma coisa tão simples como com que roupa eu vou ao parque? Resposta: porque minha voz interior nunca acreditou que estou na melhor idade. Resposta correta: continuarei na dúvida entre o *trench coat* com sapatênis ou a jaqueta nova de couro preto. Afinal, estamos ou não em guerra?

Ainda tenho tempo de ligar para o David e inventar alguma desculpa para não comparecer ao encontro de hoje: esta manhã descobri varizes nas pernas e estou indo fazer uma cirurgia; ou meus amigos alpinistas me imploraram para eu ir com eles em uma excursão ao Himalaia e a partida é hoje. Mas tenho certeza de que David é capaz de dizer que me acompanham ao hospital ou que me levam ao aeroporto para o último adeus, crente de que vou acabar soterrada na excursão. Não tenho escapatória! E estou completamente tomada por um ataque de pânico antes de entrar em cena, típico de quem suspeita de que seu papel na vida não é o de uma figurantezinha qualquer.

Mais cedo ou mais tarde as dúvidas se dissipam, porque o tempo cura tudo. Ou seja, não se pode marcar um encontro para as dez e meia e chegar mais tarde do que, digamos, dez e quarenta e cinco ou o mais tardar às onze, se é um encontro informal de fim de semana.

Vesti jeans, minha nova jaqueta de couro preta e botas pretas. Acho pouco provável que sujem, porque Maya vai brincar com o pai, que fará corpo mole, ou com Cíntia, que tentará ganhar pontos em cima de mim agradando minha filha. Dependendo de como me olhem, estou parecendo mais uma "bond girl" do que uma mãe estressada. Portanto, acho que consegui o que queria. E é essa coisa que ouvi a vida inteira, que ser elegante significa vestir-se da forma adequada em cada momento. O parque está tranquilo, e só vai lotar depois que os pais terminarem as compras de sábado no supermercado, o que leva ainda algumas horas para acontecer. Não demoro muito para avistar David fumando, de olho em Maya, que se balança como uma louca no brinquedo, segurando a mão de Cíntia, como um anjinho! Que linda!

Autocontrole, Cristina, autocontrole.

– Maaaaami!

– Maya, não pule do balanço! – adoro que queira se jogar nos meus braços, mas também não precisa se espatifar. Seus inegáveis dotes de liderança fazem com que ela não dê ouvidos ao sábio conselho de uma mãe que em sua época também pulou, caiu e perdeu um dente e metade do lábio por um mês.

– Maaami – me diz já no chão, sã e salva.

– Como você está, meu amor? – com Maya não preciso fingir, sempre fico feliz de vê-la, sempre sinto falta dela, mesmo que ontem tenha me tirado do sério.

– Ah, tô brincando com o papai e a Cíntia – uuuuuui, utiliza seu famoso tom medroso-infantil. Seu pai já lhe deu um toque ou essa menina é muito intuitiva. Não sei qual das duas versões eu prefiro. Vou procurar ser simpática. O que na minha linguagem significa: "tentarei não bancar a desagradável".

– Bom-dia, desculpem o atraso. Oi, sou Cristina – um bom ataque é a melhor defesa.

– Cristina! – Cíntia diz, mastigando meu nome como se fosse a primeira vez que o pronunciasse. – Prazer em te conhecer! – fala com uma veemência desconcertante, como se as palavras fossem duras de roer. Pensando bem, ensaiou para fazer a linha cordial esta manhã. Quanto a mim, que queria ser simpática, é impossível replicar que também tenho prazer em conhecê-la. Nem sequer como formalidade.

– Olá, tudo bem, Cristina? Foi dormir tarde ontem? – David tenta quebrar o gelo, chateado porque nem dei um beijinho em Cíntia, só lhe respondi com um sorriso cortês. Mas será que só eu me sinto constrangida? O que estavam esperando?

– Fui dormir cedo porque tinha muita coisa para fazer hoje, estava cansada de trabalhar e esta noite tenho um compromisso. Por isso não dormi tarde.

– Pois bem, que bom que vocês já se conhecem... Cristina, Cíntia diz que vai ensinar a Maya a esquiar.

– Que ótimo, não?

– Sim, mami, você precisa me comprar um macacão e as botas, e a Cíntia disse que também preciso levar óculos de sol.

– *Eu* tenho que comprar? – respondo olhando desafiadora para David.

– Você sabe que vou comprar, Cris. Nem precisa discutir isso.

A conversa sem réplicas só de minha parte continua desse jeito, durante alguns minutos. É uma das ocasiões de minha vida em que tenho a nítida sensação de que não há nada a dizer.

– Maaaami, me balança?

– Claro, amor, já estou indo! – acho que vou sujar as botas...

Oito horas depois, minha sina me leva ao mesmo lugar em que começou a manhã funesta: diante do guarda-roupa. A diferença é que agora pelo menos não tenho pânico cênico. Trata-se apenas de encontrar algo que se pareça com um *look* balada e que não pareça ser antiquado demais. Depois de ter perdido o hábito de sair à noite, isso exige um exercício de imaginação e criatividade bastante importante. Prometo a mim mesma que da próxima vez que for às compras procurarei algo mais sexy ou uma saia mais justa. Após uns minutos de reflexão, que quase parecem meditações zen pelo estado de concentração em que me acho, chego à conclusão de que a inauguração de uma exposição de fotografias e uma festa alternativa também não exigem toda essa produção. Minha voz interior me fala a tempo com sabedoria, antes de eu pagar o mico de sair por aí toda montada – como diz Diana – no meio de um povo *cool* que sempre acha que "menos é mais". Portanto: botas pretas, jeans e jaqueta de couro preta outra vez.

Antigamente, quando você chegava a um lugar em que ocorria algum evento, um *vernissage*, por exemplo, ou seja, um buchicho na inauguração de uma exposição, o primeiro indicador de que se havia chegado tarde era a fumaça. Hoje em dia, graças às novas leis antifumo, ao menos se pode respirar... e festejar essa conquista me faz sentir velha, velha. Mas não é apenas sobre isso que reflito, mas também sobre as táticas usadas por pessoas como Diana para triunfar na vida. Ela diz que adora chegar atrasada aos lugares porque, assim, chama a atenção. Eu sou das que chegam cedo para que o anfitrião não se sinta abandonado, de modo que nunca há alguém para reparar na minha entrada-nada-triunfal, porque quem recebe está muito ocupado contando taças, arrumando os quadros ou as cadeiras... e mais ninguém.

A galeria fica em uma das ruas mais badaladas da cidade atualmente, e a gente se contagia com a ferveção de sábado à noite, por mais que a paisagem humana seja um mistério para quem conhecia este bairro, antes decadente. Agora, se você é *designer* emergente de moda, cozinheiro emergente ou artista visual emergente e não está aqui, então você não existe. Tudo emerge tanto que a pátina da experiência só ficou nos muros, e mesmo assim muitos estão restaurados.

Agradeço a Diana a indicação de "alternativa", porque ficar num lugar desses de salto alto teria sido pra lá de inadequado. Mas parece que há dois senhores sisudos com suas esposas – os diretores do jornal onde Chico trabalha, creio – que não foram informados. Tudo bem que haja um toque extravagante, melhor ainda se não for eu.

A exposição me parece interessante, e as fotos do companheiro de trabalho de Diana se destacam entre as demais. Chico é um oportunista, que sabe emocionar com a imagem fácil. Suas fotos me parecem um tanto vazias e petulantes. Mas ele desfila orgulhoso, recolhendo elogios:

– Chico, vem cá! Sabia que seria um grande sucesso, essas fotos são tão boas... – Diana abraça-o entusiasmada, no estilo "como são carinhosos os hipócritas".

– Didi, você me ajudou a selecionar algumas, então também tem parte nisso...

– Sim, mas não cliquei... deixa eu te apresentar minha amiga Cristina.

– Oi, Cristina, obrigado por ter vindo. Já se serviu de uma taça de vinho?

– Claro! Por que acha que a gente veio? – digo-lhe em tom de brincadeira... mas já percebi que meus comentários bem-humorados não são compreendidos num primeiro momento, menos ainda em ambientes intelectuais: Chico me olha como se eu fosse a pessoa mais vulgar que ele já viu. – Eh... parabéns, gostei muito de suas fotografias, têm senso artístico, embora sejam jornalísticas, e essa ruptura do equilíbrio na composição me parece bem realizada, e isso é algo muito arriscado...

– Obrigado, Cristina, é a coisa mais coerente que já me disseram esta noite.

– Bem, eu não diria coerente... – respondo-lhe enquanto se afasta, após lançar um olhar de cumplicidade para Diana.

– Não dá vontade de morder?

– Bom, é bonitinho, sim... mas um pouco sério, não?

– Que nada! É que agora está fazendo a linha "negócios".

– E você se chama Didi?

– Simmmm, Diana, Didi, não é fofo?

– Sim, claro, se tem que morder, melhor que seja fofo...

Um *vernissage* desses tem duração instantânea, diretamente proporcional à quantidade de comes e bebes. A qualidade é menos importante porque, quando se está de pé, se é mais tolerante. Embora haja autênticos especialistas na arte de selecionar o melhor croquete e especialistas, finíssimas elas, em segurar o garçom, arrancar-lhe uma taça de coquetel da bandeja sem desequilibrá-lo e deixá-lo seguir em frente. E tudo isso sem perder o fio da conversa.

Eu estou papeando com uma dupla de amigos de Diana que conheço de outras ocasiões e que não param de me dar informações sobre cinema americano independente, enquanto ela, que vai de grupo em grupo cumprimentando o pessoal, está mais dependente dos torpedos e mensagens codificados que Chico possa enviar. Reconheço nessa atitude sua "estratégia de sedução – fase 4", ou seja, a última. Suponho que já tenha se cansado dos SMS simpáticos que o rapaz lhe manda depois de seus encontros fracassados ou pouco substanciais, do tipo "gostaria de ter tomado café da manhã contigo e continuado com champanhe", e de toda vez que o jornal o envia a qualquer lugar para fazer fotos e lhe escreve mensagens carinhosas como "que bom seria se você estivesse aqui comigo, compartilhando tudo isso". Então... fase 4, o que chamo de "assédio e dominação".

Ao final de uma hora, antes que a concorrência começasse a dar vexame por causa do excesso de álcool, decidimos ir embora. Após um bom tempo de despedidas protocolares na porta da galeria, nos juntamos à expedição liderada por Chico, óbvio, para a verdadeira festa. Agora sim.

A primeira prova de que se trata de uma festa "alternativa" é que, ao chegar ao local, ninguém diria que é uma festa. Parece que todo mundo está o mais afastado possível uns dos outros, e não se ouve música: alguém teve a brilhante ideia de colocar o equipamento de som na varanda, para dar um ar de "luau na praia", e algum friorento fechou as portas, algo normal, levando em conta que a temperatura lá fora é de nove graus centígrados, de modo que o som não chega ao interior do ambiente. Como todo mundo fala em voz baixa e parece que o engraçadinho da festa ainda não chegou, estou procurando o dono da casa para dar-lhe os pêsames em uma dessas ações engraçadas/impulsivas que me caracterizam, mas me contenho para não atrapalhar a fase 4 de Diana-Didi.

Outra das peculiaridades desse tipo de festa é que os organizadores não se sentem obrigados a pensar em servir algum petisco, e a bebida é por conta dos convidados. Vê-se em uma melancólica mesa que bambeia sobre um mísero cavalete um pratinho de torradas com patê e guacamole que alguma alma caridosa achou por bem improvisar. Isso repercute seriamente em outro aspecto da festa, secundário não em importância, mas em termos estatísticos: o processo de intoxicação etílica em algum dos convidados é aceleradíssimo, de 0 a 100 em trinta minutos. Agora começo a entender por que o restante dos convidados tenta manter-se a alguns metros prudenciais deles, algo assim como a distância de segurança quando se dirige nas estradas. Não sei, acho que essas festas já não têm nada a ver comigo...

Antes que Diana desapareça de vez no rastro de Chico, o "fotógrafo-fofo", temos tempo de perseverar em nossos planos de viagem.

– Diana, e se a gente fosse para Praga ou Budapeste? Ok, também faz frio por lá, mas pelo menos são mais acolhedoras...

– Esses destinos me dão um pouco de preguiça, me parecem indicados para maiores de 50 anos.

– Obrigada, como é bom estar tão bem conservada.

– Eu havia pensado em propor a ilha de Capri. Tenho uma amiga que trabalha em um hotel. É caríssimo, e imagino que a nata de Hollywood se hospede lá, mas ela pode nos arranjar um quarto mais barato ou até descolar hospedagem na casa de alguém...

– Capri... e como a gente chega até lá?

– Bom, já dei uma olhada. Temos duas opções: voando até Roma, de lá a Nápoles, de trem ou de avião também, e depois de *ferry boat* até Capri, que é um trajeto curtinho.

– Seria legal, mas isso significa perder dois dias inteiros de viagem, não é?

– Até mais, as baldeações não são muito pontuais... dos cinco dias saem três e meio de viagem.

– E um dia e meio em Capri? E se o tempo não ajudar...

– Hummm, melhor não, né? – se encolhe Diana, resignada. Abandona a fase 3 de "busca desesperada de qualquer destino de férias" pela fase 4 de "estratégia de sedução de Chico".

Vai-me batendo tédio. O ambiente está escuro, de maneira que meu lado "voyeur" fica sem chance de ser utilizado. Os amigos de Diana foram desertando, e os que ficaram começam a dar demonstrações de embriaguez, repetindo o mesmo discurso como uma espiral que não leva a lugar nenhum. Um deles, um boyzinho descabelado, testou meu tipo apático pra ver se eu era presa fácil, mas lhe respondi com entusiasmo zero: ele não fazia meu tipo, nem eu o dele. Porém, se tivesse havido esforço de sua parte na tentativa de que a coisa engrenasse, eu não teria me feito de difícil, levando em conta que minha vida social não é lá essas coisas... Esse certamente é um tema que não posso abordar com a Diana, porque ela simplesmente não entende e não acredita que eu não tenha conhecido ninguém interessante desde que me separei.

Além do mais, a figura que deu em cima de mim mudou de expressão assim que eu falei que era divorciada e tinha uma filha. Só faltou dizer que ia visitar a vovozinha, quando saiu para pegar um vinho e não voltou, evidentemente. Entrou em pânico por quê? Achou que eu iria lhe pedir conselhos sobre como educar minha filha? Vai saber o que lhe passou pela cabeça... como se as mulheres maiores de 35 anos com filhos não soubessem conversar sobre outra coisa além de crianças. Se voltar a vê-lo, vou lhe dar uma bússola de presente, para que se oriente.

Só me resta reposicionar minhas antenas e desfrutar das conversas alheias, esperando o impulso definitivo que me erga da poltrona em que estou afundada e me leve para minha casinha. A partir de certas horas da noite, essas são decisões que se tomam sem nenhum motivo mais sério. Ouço uma voz jovem e feminina que veio se sentar perto de mim:

– E ele acha que porque arruma a cama um dia já tá tudo bem, e fica cheio de si... Quantas vezes eu arrumo? É que não compartilha nada. Não temos projeto em comum, cada um na sua, sai sem me dizer aonde vai. E quando lhe peço que compartilhe, aí é o maior estresse. E eu não tô a fim de me estressar... isso não é compartilhar.

– É, menina, esses homens...

Essa voz... essa voz ruminadora de palavras, onde eu já a ouvi? Me viro e... dou de cara com quem? Não acredito! Ouvi essa voz hoje mesmo pela manhã... no parque... de mãos dadas com meu ex.

– Cíntia!

– Cristina! Que coincidência! – percebo que vai continuar mastigando meu nome por mais que o pronuncie milhares de vezes em suas orações vespertinas.

– Pois é, que coincidência! E David? – pergunto com instinto maternal.

– Em casa, com Maya. Saí para um jantar de despedida de uma amiga minha que vai para Londres fazer um mestrado, sabe? E eu não queria perder. Sinto muito, mas não queria perder. E no final acabamos nos encontrando aqui, por causa de um amigo de uma amiga que havia me contado sobre esta festa, sabe... acabamos de chegar. Vem cá, deixa te apresentar a Samanta – percebo que também tem dificuldade com o nome "Samanta".

– Oi, Samanta, tudo bem? – a outra me olha curiosa. Sabe-se lá o que a garota do meu ex contou para ela...

– Bem, um pouco parada esta festa, não acha?

– Sim, ainda bem que não fui eu que a organizei... Já estava indo embora.

– Ah não! Fica mais um pouco com a gente, agora que nos encontrou...

Não entendo como é capaz de me convidar para ficar com elas quando: 1) depois do encontro desta manhã, deve ter deduzido que o ódio vai ser um sentimento mútuo a curto-médio-longo prazo; 2) estavam conversando intimidades sobre homens, com 90% de chance de que meu ex esteja envolvido. Será que é exatamente por isso que me pediram para ficar? Acho que não vou embora, não. Minha curiosidade está pedindo que eu fique...

– Sam, Cristina foi casada com David; é restauradora de arte e mãe de Maya, claro – a cara de Samanta continua imperturbável, já deve ter ouvido isso 133 vezes. – A filha é linda como a mãe. Tem a quem puxar...

Cuidado com minha filha, ela é sagrada. Em uma festa como esta não se fala dela, para não a perverter por ondas telepáticas. Se é pra falar de alguém, que seja do meu ex. Já me preparo.

– Eu a reconheci porque estavam conversando bem ao meu lado e não pude deixar de ouvir parte da conversa, desculpe – minto descaradamente, não lamento nada.

– Não tem importância, sempre falo muito alto, principalmente se for a respeito de meu namorado – responde Samanta.

– Parece que a coisa não anda muito bem...

– Faz seis meses que moramos juntos, e ele se comporta como se ainda vivesse em uma república de estudantes. Não pensa em nós como um "casal" – agora quem mastiga o "casal" é ela. – Eu quero compartilhar as coisas com ele, ir ao supermercado, ler o jornal juntos, sair pra jantar, essas coisas... Mas ele acorda tarde, e eu já saí pra fazer as compras; quando chega em casa, se planta na frente da televisão enquanto eu estudo.

– Você ainda está na faculdade?

– Não, sou fisioterapeuta, mas estou fazendo um curso de massagem ayurvédica. É muito puxado e preciso me dedicar bastante. E ainda por cima tenho de preparar o jantar.

Não, não soa muito bem. Se aos 25 anos vivem assim, imagina o que vai ser deles aos 40... sem me dar conta, esquecendo-me do resto da festa, acabo dando uma conferência: "Mulher madura experiente abre caminho a pós-adolescentes em pleno processo cognitivo do gênero masculino". O pior de tudo é que me emociono ao ver os olhos e ouvidos bem abertos diante de minha *performance* informativa. Quando me dou por satisfeita e olho em volta, percebo que só ficamos nós e mais alguns bêbados, jogados pelas poltronas ou caídos pelo chão, dormindo ou em profundo coma alcoólico.

Já de volta, à medida que me aproximo de casa, cresce a repulsa por mim mesma. A noite foi um fiasco: um *vernissage* "meia boca", uma festa na qual a única alternativa era ir embora porque estava mais periclitante que um trapezista sem rede, em que um sujeitinho patético tentou dar em cima de mim, e ainda por cima me rejeitou, e onde eu acabei fazendo o papel de psicóloga da noivinha de meu ex... Pode? E, cúmulo do cúmulo, lhe dou conselhos sobre como melhorar a relação conjugal.

Agora terei de escutar os comentários ferinos de David durante semanas, processando-me por danos morais e me perguntando por que é que eu tinha de meter o bedelho na sua relação com a Cíntia. Que é que eu tinha de falar sobre o trauma dele com a mãe ou que ele não abre a mão nem pra jogar peteca? E que pinta os fios de cabelo branco? David vai me trucidar...!

Posso dizer a ele que Cíntia o enquadrou muito bem, e que isso pode contribuir para consolidar a relação, porque se o aceita com tudo isso... Mas eu não tinha o direito de lhe contar intimidades que só vêm à tona quando se tem mais de três anos de convivência. Mesmo me orgulhando por não ser mais sua esposa há dois anos, ainda ajo como se fosse minha propriedade, quando já nem o conheço, quando nem sequer entendo como pude um dia achar que ele era a pessoa adequada para mim.

Enquanto espero o sinal abrir diante dos quatro carros que, só por ser madrugada, andam em velocidade de corrida de Fórmula 1, escuto os comentários de um casalzinho hermeticamente abraçado que se aproxima de minhas costas:

– Esse, morena, é o último chamego, depois você vai ver, gata, o que vou fazer com vocezinha.... – e tasca um beijo tipo aspirador no pescoço da "gata".

Eu odeio os casais que inventam essa linguagenzinha melosa para consumo próprio. Sempre me pareceu um balde de água fria. Principalmente quando já faz um tempão que não tenho a oportunidade de dizer a alguém que não gosto disso e que fale comigo de outra maneira.

Na banca da esquina de casa tem uma capa de revista mostrando o último James Bond rodeado de suas mulheres, tipo "nós todas te amamos muito", e na outra o vencedor do *Giro d'Italia* de Ciclismo, com sua *maglia rosa* e seu sorriso perfeito, de orelha a orelha. É a última coisa que vejo antes de entrar em casa, meu refúgio, e é como se alguém me enviasse uma mensagem dilaceradora dizendo-me: "Você é isto, é para isto que você serve". É a última mensagem de um triste dia.

# capítulo

# 4

Tem horas em que é impossível distinguir qual é o quarto da Maya e qual é o meu: ambos estão igualmente bagunçados. Corrigindo: acho que o meu é mais bagunçado. Há peças de roupa amontoadas em cima da cama e a câmera digital pede socorro por baixo da mochila da Maya. Luto com uns colares que saíram do fundo de uma caixa metálica, tentando desembaraçá-los para poder usá-los. Maya aparece na porta do quarto com sua esponja do Nemo, o tabuleiro de xadrez magnético, o gorro de lã violeta, o chapeuzinho listrado com meias combinando que comprei para ela, a mochila da escola, um álbum de fotos pequenininho que Diana lhe presenteou, um relógio esportivo masculino dado pelo avô, um jeans violeta, e acho que só.

– Mami, só uma coisinha, acho que também tenho que levar isso.

– A mochila da escola também? Você vai fazer tarefas escolares durante o feriado?

– Não tenho tantos deveres de casa, quando voltar eu faço – me responde segura de si, afastando-se toda prosa. Isso significa que vai ficar por minha conta, não do pai, fazer as vezes de professora particular. – Vou colocar alguns brinquedos na mochila.

– Mas já estão na mala!

– Estes brinquedos – e ressalta bem as palavras, enquanto indica com o pé um volume enorme de tranqueiras que empilhou atrás da porta do quarto.

– Maya, são só cinco dias, meu amor, e no interior. Além disso, o papai já vai levar os brinquedos que estão na casa dele, e também tem seus avós.

– Por isso mesmo, quero brincar de xadrez com o vovô e a vovó.

– E você acha que seus avós não têm xadrez nem outros jogos de tabuleiro? Tem certeza? – segundos de dilema na cabecinha de Maya.

– Tudo bem, deixo o jogo de xadrez – eu suspiro aliviada, uma tranqueira a menos –, assim fico com espaço para guardar o cavalo da Barbie.

Nada a fazer. Outro suspiro e vou em frente. Fazer a bagagem para viajar a Granada não é tarefa das mais fáceis, ainda mais na Semana Santa. Durante o dia pode fazer muito calor, mas à noite a temperatura cai bastante em Serra Nevada. É preciso usar roupas confortáveis para bater perna pela cidade, mas também tenho que levar uma malha de reserva porque Diana e eu viajaremos à noite, com certeza. E também tenho que pegar roupa de banho. Descobrimos pela internet que há uns *hammam*, espécie de *spa* com sauna, massagem e tudo o mais, e, previdentes como somos, até fizemos uma reserva para um dos dias. Vai ser o máximo! Não que seja a melhor época do ano para visitar a Alhambra, mas eu me conformo com pouco. Se conseguirmos ver a Fonte dos Leões, mesmo que seja dando pulinhos entre as cabeças de quatro turistas alemães de dois metros de altura, pra mim já terá valido a pena. Granada!

O interfone toca nesse exato momento. É David. Veio buscar Maya e ainda preciso de algum tempo para fechar sua mala. Penso de que forma ganhar alguns minutos sem que ele suba. Depois do último vexame, prefiro não vê-lo, pra não re-mexer nesse assunto, embora não tenha esboçado nenhuma reação quando conversamos por telefone. Começo a achar que Cíntia-mastiga-palavras foi mais discreta que eu e que guar-dou meus comentários virulentos para situações de emergên-cia, porque ele tem se comportado naturalmente comigo. Só falta essa pirralha ter me dado uma lição de moral. Enquanto perco um tempo precioso afundada num mar de dúvidas, Maya já atendeu o interfone, abriu a porta, e já dá para ouvir o ele-vador chegando. Os segundos voam. Melhor resignar-me. E ainda por cima vai ver a casa bagunçada. Já ouço seus comen-tários brincalhões...

– Olá, garota! Como está minha menina?

– Bem... meus avós têm aparelho de DVD?

– Nem pensar. A tecnologia ainda não chegou à casa deles. Oi, Cris – escuto a voz dele no corredor, aproximando-se; tenho dois segundos e cinco décimos para esconder parte desse caos que é minha cama... debaixo dela.

– Oi! Já estou indo... – minha respiração entrecortada me faz mais arquejar do que falar.

– Fica fria, já estou chegando... *Mamma mia!* Obelix passou por aqui arrastando uma legião de romanos? – essas são as leituras do meu ex-marido em seus momentos mais íntimos.

– Papi, o que é tecnologia?

– Tecnologia é tudo, filha, é o que invade nossas vidas hoje em dia: o celular, a internet, o micro-ondas...

– ... o carro – completa ela.

– Exatamente! Um carro!

– ... o computador.

– Muito bem.

– O aspirador de pó da mamãe.

– Como assim, só as mamães têm aspiradores de pó? – essa, claro, sou eu.

– Paremos no aspirador, muito bem, Maya.

– O patinete elétrico do Alex.

– Ah! – seu pai começa a desconectar; não segura o ritmo frenético que vai até os oito anos.

– ... o videogame da Dora.

Aí eu mudo rapidamente de assunto, temendo o pior.

– Conseguiu estacionar bem o carro?

– Sim, já carreguei tudo e sairemos assim que Maya estiver com a mala pronta.

– Então, perfeito, você termina de fazê-la? – pergunto-lhe, aproveitando a deixa.

Deixo-o meio chateado no corredor, enquanto retomo minha luta feroz com os colares. Mas antes que me afaste, Maya intervém.

– Preciso lhe perguntar uma coisa – ah, não, o videogame! Ela não se esqueceu.

– Diga, Maya.

– Existe uma dimensão paralela?

Agora mesmo, se existe, gostaria de estar nela.

Em Granada, descubro emocionada que, sim, existem dimensões paralelas e podemos estar nelas: cinco dias de folga pela frente, com minha amiga e sem minha filha, em uma cidade maravilhosa e alegre, que contagia e dá vontade de viver. Um pouco mais fria do que o esperado, é verdade, mas isso se resolve jogando um agasalho nas costas. Foi só chegar que caiu um aguaceiro daqueles, e esse não era bem o tipo de recepção que esperávamos. Se obedecesse a minha fixação com os sinais que a natureza e o acaso nos enviam, este seria um mau prenúncio. Mas a mala dos maus presságios ficou em casa... e o guarda-chuva também. Não temos outro remédio senão morrer de rir nos vendo como pintinhos ensopados na porta do hotel. Como fica numa ruazinha por onde não passa carro, o taxista, muito esperto, nos deixou três quadras antes, porque senão "não podia dar meia-volta".

– Eis o Carmen das Camélias. Não é bonito? – diz Diana entusiasmada, olhando para a fachada.

– Bonito? É maravilhoso! E estamos bem em frente da Alhambra... Granada, acerto número 2.

Entramos por uma portinha e o interior do pequeno hotel ainda tem mais encanto do que seu muro branco exterior escondido por trás das buganvílias. Através de uma galeria se vê o monte onde está cidade amuralhada de Alhambra, e uma lareira arde aconchegante em uma das laterais do salão. O lugar destila paz... e qualidade.

– E tudo isso por uma diária de apenas 60 euros? – não consigo acreditar. Como restauradora de arte aprendi a colocar preço nos interiores clássicos, e dá para perceber que este não é um hotel-padrão, desses das grandes redes, que pode oferecer tarifas promocionais.

– Não, esse é o de 90, não se lembra? O de 60 fica no outro lado da cidade, eu te disse – sussurra Diana, enquanto se aproxima alguém da sala atrás da recepção para fazer nosso *check-in*.

– Não, você não me disse!... Ou disse? Você me disse e eu concordei? – não é possível que já esteja perdendo a memória tão cedo... Agora me lembro vagamente que Diana me telefonou enquanto preparava o jantar, pra variar, como se tivesse adivinhado. Lembro também que não lhe dei muita atenção porque estava de olho em Maya, que fazia palhaçadas ao lado do fogão, e me perseguia com um suco, ou leite, ou não lembro mais o que na mão. Grrrr!

– Cris, dá na mesma, relaxa, a gente já está aqui, e você me disse que tudo bem. Não compensa todo esse estresse... agora está trabalhando e ganha um bom salário, já superou a fase da pindaíba. Já que viajamos, vamos aproveitar...

Ela está coberta de razão. Continuo com a mentalidade de mãe divorciada sem salário fixo, fazendo malabarismos para chegar ao final do mês. Agora as coisas mudaram. E essa é a primeira viagem que faço sem Maya e sem compromissos há séculos. Se quiserem, pago adiantado...

Bato no peito, tirando onda com a cara da Diana e dizendo que não se preocupe porque também vou pagar a conta dela e do restante dos clientes, mas ela me deixa sozinha na brincadeira, porque está com os olhos fixos num sujeito que desce as escadas com duas pessoas, totalmente eclipsadas por ele. Só reparo que são outro rapaz e uma garota. Também pudera! Será o homem mais lindo que já vi em toda a minha vida? Acho que somos duas as abobalhadas, mas ele deve estar acostumado, porque deixa a chave na recepção e simplesmente diz *good morning* e nem aí pra nós. Quando dá as costas, forçosamente deve perceber na nuca os relâmpagos e as flechinhas de Cupido que disparam de nossos olhos. Meu espírito *kitsch* me anima a sentir-me bem, imaginando-me em um comercial de creme dental, do tipo "saudável e só sorrisos...".

– É inglês – sussurro para Diana.

– Não me diga, *my darling!* Eu também diria *good morning* em Granada, ainda que fosse de Valdepenas. Que gato! Da próxima vez que ele passar na minha frente, não se esqueça de me segurar para eu não avançar na jugular dele.

– Na jugular dele... ah vá! Contente-se em arregalar os olhos, fofa. Esses tipos são inacessíveis. Você tem mais chance de ser recebida pelo papa do que ele lhe dizer alguma coisa além de *good morning*. E não é só isso; olha a primeira impressão que lhe passamos: parecemos duas pintinhas molhadas!

– É o que veremos – me desafia minha amiga de alma.

Se a chuva foi um mau começo, o inglês parece um bom presságio, porque o quarto do hotel é daqueles que convidam a não sair, de tão confortável. O banheiro tem uma boa coleção de produtos de higiene e de cosméticos em miniatura, a primeira coisa que os hóspedes experientes observam quando viajam.

Uma vez instaladas, disponho-me a telefonar para uma colega de faculdade com quem tive muita amizade. Faz tempo que perdemos o contato, mas tenho certeza de que, se ela estiver na cidade, gostará de me ver.

– Oi! Maria Luiza? É você? Sou eu, Cristina Echevarre. Tudo bem?

Após alguns minutos de conversa para pôr o papo em dia, ela me conta que amanhã mesmo sairá de férias, mas gostaria de me ver e de me mostrar o trabalho que está fazendo na parte antiga da cidade. Combinamos de nos encontrar dali a uma hora, no centro da cidade, onde fica um palácio cuja restauração das pinturas está sob sua direção.

– Tem certeza de que não se importa, Diana? Sei que é feriado, mas não conheço muita gente de confiança que dirija projetos tão semelhantes ao meu, e ela certamente pode me dar algumas ideias. Dar uma olhadinha no trabalho dela vai ser útil para mim.

– Claro que não me importo, bobinha. Sabe que sou uma *workaholic*, e você, sem sua filha, está se revelando, pelo que vejo. E tem mais, acho até que gostaria de ir. Sabe que essa coisa de restauração sempre me agradou. Você deixa?

– Mas é claro, muito melhor. Só espero que não seja muito entediante…

– Se me aborrecer, vou embora e deixo você na mão, já sabe.

Na mesma noite passeamos pelas ruazinhas atrás da prefeitura, por entre bares de "tapas" e guiadas por minha amiga Maria Luiza, seu marido e outro casal que nos ensinam o método: antes da primeira "tapa", é preciso pedir a bebida e conferir o pratinho que colocam ao lado. Se a fome não for muita, pode ser suficiente, e não é preciso se empanturrar pedindo porções suplementares em cada bar que se entra, levando em conta que não levaremos mais de uma hora antes de passar ao seguinte, que estará, com toda a probabilidade, na mesma rua.

O feitiço granadino exerce sua influência. Esta noite me esqueço de qualquer aporrinhação ou problema que vá além dessas ruas, e curto um bate-papo que não se limita a assuntos cotidianos, nem questiona meus princípios, nem é interrompido a cada três minutos por frases infantis.

O fato de estar com Maria Luiza, a quem eu não via há pelo menos oito anos, e com Diana, que me conhece desde a faculdade, me remete a outras épocas que estavam em algum recanto escondido do cérebro. Não que tenha interesse em voltar ao passado, nem me sentir nostálgica. A gente não pode ficar o tempo todo contabilizando as pequenas batalhas da vida, como velhos melancólicos. Mas, se essas coisas fazem parte de mim, não quero dar as costas a elas. Como se ser mãe ou esposa excluísse ser amiga, ou profissional, ou aproveitar a vida. Parece que reduzimos as facetas que podemos oferecer de nós mesmos para simplificar nossa existência.

A Cristina atual é feita também das aventuras adolescentes em acampamentos, das noites em claro estudando com os colegas de classe, das horas que pareciam uma eternidade raspando a cúpula de uma igreja românica perdida em uma montanha, e de loucuras, como passar quatro horas dentro de um carro para ver um grupo de rock que dois dias antes já tínhamos visto na nossa cidade.

– Você se lembra, Cristina? Sempre acabava arrastando a gente. Da vez que fomos a Vitória eu dizia para mim mesma: que é que estou fazendo aqui? Mas você era insistente, e a verdade é que depois de haver sido aprovada em todos os exames, a gente estava precisando mesmo de alguma coisa assim. Acho que foi um dos fins de semana mais divertidos de minha vida – recorda-se Maria Luiza.

– Principalmente porque, na volta, o carro de Javi nos deixou na mão, e tivemos de procurar um lugar para dormir às duas da manhã! Lembra do jeito que o pessoal da pensão de Barbastro olhava para a gente? E afinal de contas, por que fomos parar em Barbastro?

– E eu lá vou saber! – replica Maria Luiza, morrendo de rir.

Diante de um balcão de bar um tanto engordurado, em uma ruazinha de uma cidade do sul, tenho a impressão de reencontrar pela primeira vez uma Cristina relaxada, que não está à sombra de ninguém, risonha e divertida, que pode se soltar assim porque quem está em volta dela não vai lhe pedir contas de nada. Entro em uma nova dimensão da vida, como se cruzasse o portal de uma outra fase. O paradoxal é que tive de recuar para dar um salto para a frente, como se me faltasse memória. Me encolho ao perceber essa sensação, mas é só para respirar outra vez com força. Esta noite acho que existem varinhas mágicas. É minha melhor balada em anos.

Como é domingo, marcamos nossa visita à Alhambra para amanhã. Como turistas acomodadas, esperaremos a segunda-feira, e já sabemos que vamos ter de madrugar para conseguir uma entrada, e é provável que depois de várias horas de fila. Dedicamos o dia de hoje para acordar tarde, tomar o café da manhã desfrutando da calma do hotel em que estamos hospedadas. Mais tarde, passearemos sem destino, sentando-nos no mirante de San Nicolás, aspirando o ar da montanha, que deixa o nariz vermelho, assustando-nos com o cachorro que nos cumprimenta agitado ou admirando os jardins escondidos do Albayzín. Para provar a nós mesmas que estamos de folga, sou eu que tiro as fotos e Diana é a que se interessa pelas filigranas arquitetônicas.

Ao meio-dia estamos sentadas em uma bodega diante do rio Darro, perto da praça Sant'Ana. É uma sala enorme na qual a gritaria é quase ensurdecedora, mas nos parece divertido estar em um lugar cheio de gente local que desfruta do aperitivo dominical e turistas extenuados, admirados com as características do lugar, procurando em seus guias os monumentos visitados. Acabo de sair do banheiro e no espelho vi uma cara com aspecto de quem dormiu uma noite inteira, o que no meu caso é uma façanha digna de ser reconhecida publicamente. Devoro o mundo. Até meus ombros parecem haver recuperado altura, embora esteja moída de tanto subir e descer ladeiras.

– Cristina! – me sussurra Diana, esbaforida. Como se precisasse baixar a voz para não ser ouvida em meio a tanto zunzunzum.

– Que foi? Acabou o peixe frito?

– Pior que isso! Lord Byron acaba de entrar! – esbarramos no inglês de cabelos escuros que vimos na recepção do hotel.

– Pois que venha, você não queria dizer algo a ele? – desafiou Cris.

– E o que lhe digo? Pergunto se posso tirar uma foto dele, fazendo a linha turista japonesa? O problema é ele ficar louco por mim e eu ter de escolher entre Chico e ele, e aí minha vida de solteira-enrolada de repente se torna vida trágica de solteira-com-dilema-insolúvel.

Realmente deve estar gamada em Chico, ou não teria o menor pudor: tem cara de pau suficiente para isso. De repente escuto a mim mesma dizendo:

– Tudo bem, se você não vai, vou eu.

Me levanto da cadeira de um salto e me dirijo outra vez ao toalete. Dois minutos depois dou uma sutil volta até a mesa em que o inglês está sentado com seus dois companheiros de viagem e faço a linha popular. De rabo de olho, vejo Diana espiando-me entre boquiaberta e ansiosa.

Depois de mais uns dois minutos, quando sento outra vez em meu lugar, Diana avança em cima de mim:

– Você foi ao toalete passar batom? Foi se maquiar antes de falar com ele! Acho que estou alucinando.

– *Well*, me arrumei um pouco. Sim, este é um detalhe que não incluirei em minhas memórias feministas, mas pensa, essas olheiras não têm nada a ver!...

– O que você disse? – Diana não acredita no que vê e no que ouve, nem eu. Essa atuação não é típica de mim, pelo menos não há quinze anos...

– Nada, o normal. Fiz jus ao fato de que os espanhóis são hospitaleiros e extrovertidos e lhe disse que já havíamos nos visto no hotel. O normal entre hóspedes que por coincidência se encontram e se cumprimentam, não é?

– Nossa! E ele, como é?

– Simplesmente, um gato! Disse que sim, que já havíamos nos visto.

– E aí?

– Criatura, já não é importante o fato de ele ter nos reconhecido?

– A mim também?

– Às duas.

– Você acha que a garota é namorada dele? Ou do outro? Ou são dois casais e ela é a irmã de um deles? Ou são um trio?

– Sabe que me esqueci de perguntar "Oi, desculpe, quem é quem aqui". Mas, em compensação, recomendei-lhes as batatas e desejei que se divirtam.

– E que mais?

– O que mais você queria? Não dava pra contar que sou divorciada, que os homens parecem fugir de mim quando sabem que estou disponível, que parece que tomei uma vacina antissedução e que ele, num piscar de olhos, mandou para o beleléu todos os meus princípios de manter-me solteira. É preciso ser discreta, Diana...

– Estou sem palavras, Cris.

– Pois coma as batatas e espere o próximo capítulo.

Por mais que apenas pôr os pés nesta cidade tenha desencadeado uma transformação em mim, não me arrependo de nada... De alguns erros, sim. Sem querer, me vêm à mente os comentários maldosos que fiz para Cíntia a respeito de David, a gloriosa decisão dos relatórios de minha equipe, minha relação impossível com a Associação de Pais e Mestres da escola de Maya, o fato de haver aceitado restaurar uma tela horrível de um conhecido de meu irmão que está me dando uma trabalheira, por não saber dizer não, e todos os meus comentários jocosos inoportunos em relação a pessoas que acabo de conhecer. Isso sem refletir e só repassando as últimas semanas. Não aciono as engrenagens de minha memória porque, se começar a engrossar a lista, meu estado de ânimo vai virar picadinho. Mas uma coisa de que não me arrependo é do grande amor de minha vida, Maya. Sinto sua falta, embora não fale nela o tempo todo para não chatear Diana. Reconheço que depois de dois dias sem vê-la tenho necessidade de ouvir a voz dela. Não pude deixar de comprar uma dessas televisõezinhas bregas, que eu adorava quando era criança, em que, apertando um botãozinho, aparecem imagens da cidade e que são vendidas em lojas de *souvenir*. E agora já estou discando o número do celular de David para falar com ela.

– David, tudo bem? Você está com a Maya?

– É melhor você perguntar a ela. Neste exato momento, está agarrada a minha perna como se fosse uma gata. Vou passar o celular para ela, para ver se respiro um pouco – ao fundo dá pra ouvir o latido de um cachorro... e meu ex-sogro.

– Maya, tudo bem!

– Oi, mami! Quando você vem?

*Glup!* Automaticamente sinto um nó na garganta! Filha, por que você faz isso comigo? Não quero ficar com a consciência pesada por passar cinco dias como solteira disfarçada. Vou ter de lhe explicar que as pessoas têm várias facetas?

– Beeeem, ainda restam uns dias, meu amor... Tudo bem? – meço minhas palavras para não atiçar o fogo e evitar um ataque infantil de saudade. As meninas são muito apegadas às mães nos primeiros anos de vida, e é normal que sinta minha falta. Mas tenho que ser firme e mostrar que se afastar um pouco da mãe contribui para que cresça e se desenvolva por si mesma. Vou tentar animá-la para que se distraia e convencê-la de que os dias passam rápido e que muito em breve nos veremos, e que, portanto, não tem que me pedir que vá pegá-la. Tenho que me antecipar a isso.

– Sim, tudo ótimo, mami. Todos os meus primos estão aqui. A gente construiu uma cabana. Eu quero ficar morando aqui, mami.

Enrubesço até a raiz do cabelo, embora não haja testemunha disso porque estou sozinha no quarto do hotel. Minha filha fica bem sem mim! A ovelhinha negra está é com medo de eu ir buscá-la. E eu sofrendo por sua causa, pra variar, e por mim, por fazê-la sofrer. Outra vez sucumbi ao meu lado *kitsch*. Como ela é sincera, eu também deveria sê-lo: uns dias afastadas uma da outra vão nos fazer muito bem. Enquanto reflito sobre tudo isso, Maya não parou de contar as maravilhas da vida junto à natureza.

– E você sabia, mami, que as rãs antes de serem rãs são girinos, que são só uma cabeça com um rabo, que se movimentam com muita rapidez e se escondem debaixo das pedras? Meu primo Heitor pegou alguns em um pote e agora estão na cozinha da vó. Não é muito engraçado, mas Heitor diz que não vai tirar eles dali até que se transformem em rãs – de repente me sinto aliviada por escapar dessa asquerosa fase infantil do "capturar e torturar os animais". Não consigo acreditar que eu também passei por isso. Maya não para:

– Mas a vovó não tem muito nojo, está acostumada, mas a Cíntia... acho que ela não gosta nem um pouquinho.

Hein? Ninguém havia me dito que ela também participaria da reunião familiar. Vejo o pai de David com sua barba branca, pairando sobre mim em tamanho gigante, como o gênio da lâmpada, apontando-me o dedo e dizendo: "Você já não pertence a esta casa. Já não faz parte de nosso convívio". Nunca escolhi permanecer ou abandoná-lo, mas agora tenho uma substituta. Rei morto, rei posto. Sinto-me excluída de um evento do qual não queria participar. Que psicólogo é capaz de entender essa situação? Percebo como desabo sobre toda a escória emocional da qual pretendia escapar. As palavras de Maya, não ela, me sugam a energia que havia conseguido esses dias. No meu caso, o despeito não me infunde mais coragem de viver; pelo contrário, me tira o ânimo. As varinhas mágicas não existem mais. Acabou-se o encantamento. Talvez me pendurar ao telefone possa recuperar sua aura. Me despeço de minha filha assim que posso e tento fazer com que o remorso por cortar a conversa não ultrapasse a porta da sacada que dá para a Alhambra. Os raios de sol do entardecer que batem contra seus muros me ajudam. E o ar úmido depois da chuva me enche os pulmões.

– Viramos madrugadoras, lindinha? Só você mesmo pra ter essa ideia de levantar-se às quinze para as sete da manhã em pleno feriado.

Diana vai xingando enquanto nos dirigimos para o ônibus que nos levará à entrada da Alhambra. Vestiu-se e tomou banho sem dizer uma palavra e enquanto não tomou um café puro, seu único alimento até agora, não articulou algo coerente. Agora que recuperou seu estado normal, protesta.

– Você entendeu o que o pessoal do hotel nos disse? A cada hora de atraso para chegar às bilheterias, teremos uma hora a mais de fila. Se chegarmos às oito, com um pouco de sorte entraremos ao meio-dia.

– E a essa hora não deve haver ninguém... Mas as bilheterias não abrem antes das nove! – continua se queixando.

– Sim, mas você se esquece de que todo o povo da Europa combinou de se encontrar na Alhambra nesta Semana Santa, e por tradição são mais madrugadores do que a gente. Você acha o que, que vai ser a única?

– Com certeza, você vai ver já, já – continua reclamando, resignada, lembrando-me Maya ou qualquer outra de suas amigas mal-humoradas.

A chegada às bilheterias desse monumento nacional não pode ser qualificada de outra maneira que não como um desembarque. Não só de nosso ônibus, mas da multidão de carros particulares, hordas internacionais se lançam à estrada para a fila, tentando arrancar dez minutos aos que deixam para trás, com um empuxo que só se encontra entre tropas aguerridas antes de tomar de assalto uma fortaleza. Essa é a versão amável da Reconquista. A fila, decerto, já dá cinco ou seis voltas no espaço reservado para a aglomeração.

– Não, ninguém se levantou. Somos as primeiras – espinafro Diana, me vingando por suas queixas ininterruptas. Ela está passada.

– Mas será que esse povo não tem outra coisa a fazer às oito da manhã a não ser ficar na fila na porta da Alhambra? A praia fica a apenas setenta quilômetros! Animem-se, o dia está lindo! – diz gritando.

– Cala a boca, Diana, você está parecendo uma cabra!

– Sou capaz de qualquer coisa para eliminar da face da terra todo mundo que está a nossa frente nessa fila sem fim... bom, todo mundo não, olha só quem está na terceira curva!

Exatamente no local para onde Diana aponta está Lord Byron submerso em um livro, junto de seus dois companheiros-amigos-amantes ou não sabemos exatamente o quê. Os três parecem suportar a tortura com estoicismo.

– Olha só! Por que não aproveitamos suas amizades, Cris? Se nos juntarmos a eles, economizaremos tempo... calculo que uma hora e meia... que tal?

– Claro que não! Ficou louca?! Formais como são os britânicos, o que vão pensar da gente?

– Agora o estereótipo hispânico não serve mais. Olha, calculo que são... não uma hora e meia, mas duas horas pelo menos de diferença, porque, enquanto pensamos, não para de chegar gente.

É verdade, é verdade. Mas Diana não tem o senso do ridículo que no meu caso me chega até a raiz dos cabelos. Se transgride uma norma, não sente nada; seu argumento de defesa é "se eu não fizer, os outros farão". Eu, quando descumpro uma regra, me sinto esmagada sob o peso da autoridade. Respeito todos os sinais de trânsito! Meus passageiros se exasperam quando dirijo, exceto minha mãe, que se sente segura. Mas, voltando a meus cálculos, são duas horas... é verdade.

Não enrolo mais, se quiser evitar algumas voltas da fila, terei que tomar o caminho que for mais direto. Como sou uma mulher de recursos, me lanço sobre uma carrocinha estacionada a uns cinquenta metros e compro um pacotão de churros, pago a conta e me dirijo ao meu objetivo com o olhar fixo. Quando estou a três ou quatro metros, Lord Byron me descobre e sorri divertido. Acho que percebe nossa intenção. Em seu espanhol de "três temporadas de verão em Málaga e quatro cursos na escola de línguas", nos diz em voz bem alta:

– Bom-dia! A gente já estava pensando que vocês não viriam. O medo que a gente tinha era de ficar sem nossas guias. Venham!

E assim, com esse desembaraço, economizamos pouco mais de duas horas, enquanto seus amigos o acompanham no jogo, e eu começo a repartir os churros. Os olhares assassinos de uma dúzia de pessoas rebatem na couraça com a qual Lord Byron nos defende. Diana está encantada, e eu me pergunto se flechadas de amor existem.

Eu mesma responderei: por princípio, flechadas não existem; na remota possibilidade de que existam, são bonitas, e na remotíssima possibilidade de que ainda por cima aconteçam numa paisagem de conto de fadas, já são incríveis e dignas de figurar em um romance.

Durante todo o passeio pela Alhambra, eu estava nesse romance. Ver crianças embaçando a beleza do lugar com seus pulos e correrias ou abafando o ruído da água com gritos não me fez lamentar a falta de Maya. Me deixei levar pelas palavras de Ian (esse é o nome dele), que me perguntava tudo o que lhe passava pela cabeça a respeito de arquitetura, técnicas, procedência dos azulejos. A brincadeira das guias usada para furarmos a fila havia se transformado em realidade, e ele interpretava isso como um presente mágico. Sem parecer metida, pude expor meus conhecimentos. E o impressionei, tanto quanto ele a mim.

– Percorrer a Alhambra com uma restauradora de arte é um luxo. Nosso ingresso deveria ser mais caro do que o dos outros – Ian ri. Sentamo-nos todos em um banco e bebemos alguma coisa para recuperar nossas energias.

– Não acredite nisso, aqui fazem isso com todo mundo, mas com discrição. Além do que é a primeira vez que visito Granada, de modo que você teve foi azar.

Durante a maior parte do passeio, me vi falando a sós com ele sem procurá-lo. Os outros andavam em um ritmo mais impaciente, e eu queria aproveitar cada detalhe. Pelo visto, Ian também. Agora Diana está mostrando aos outros dois sua câmera e lhe conta alguns de seus truques. Seus interlocutores só faltam pegar um bloco de papel para fazer anotações. O grupo todo está recebendo aulas magistrais...

– Voltará a visitá-la sem nós, para poder curtir com mais tranquilidade?

– Realmente me interessa, por isso comprei ingressos para dois dias.

– Até quando você vai ficar?

– Voltaremos quarta-feira de noite. Na quinta pela manhã tenho que... mordo os lábios. Que fazer? Conto-lhe toda a minha vida pessoal "já" ou me permito essa agradável sensação, um tanto quanto turbulenta, de continuar flertando inocentemente. Não é correto mentir... ou melhor, não contar tudo? Bem, ele só me perguntou até quando "ficaremos". Pois ficaremos até quarta-feira. É a pura verdade.

– E vocês?

– Depende; eu fico a semana inteira em Granada; Vera, que mora em Madri, vai agora à tarde para Motril passar o resto da Semana Santa; e Tim não sabe se fica também em Granada ou se dá um pulo em Sevilha antes de voltarmos para Londres.

– Pelo visto, está meio indeciso.

– Eu diria que ele é disperso. Quer estar em todos os lugares...

– Talvez devesse ir com Vera para Montril. Não é a namorada dele? – pego pesado, mas acho que até um imbecil teria captado a indireta que eu soltei. A sutileza não é uma das minhas virtudes.

– Não, não é namorada dele... – agora me resigno a ouvir: "Vera é minha namorada". Mas a coisa parou por aí; não houve nenhuma reação durante toda a manhã. Vai ver só está interessado em arquitetura turca e resolveu tirar proveito ao perceber que eu domino o assunto. Muito embora, se fossem namorados, iriam juntos a Montril – sim ou não? Também posso ouvir: "Tim é meu namorado", e aí significa que está comigo porque é igualmente um aproveitador ou porque sente o peso das convenções sociais e se veem obrigados a disfarçar. Dotada como sou de um otimismo transbordante, sou capaz de pensar todas essas más notícias em décimos de segundo, antes de ouvi-lo dizer:

– Aqui ninguém é casado com ninguém; somos amigos e aproveitamos que Vera está em Madri trabalhando para visitá-la e nos encontrar em Granada. E você, é casada?

– Não, aqui também ninguém é casada com ninguém – e pela primeira vez em dois anos respondo a essa pergunta cheia de orgulho e com uma alegria incontida.

"Já esteve alguma vez em um *hammam*?" Essa frase me custou um jantar. Ao final da manhã em Alhambra, vendo que a história ia de vento em popa, cheguei a uma conclusão: é segunda-feira, meio-dia, vou embora quarta-feira à noite; ou vivo o presente agora e apaixonadamente ou, mais que paixão, vou morrer de frustração em casa. Qual era nosso próximo plano do dia? O *hammam*. Pois que Ian venha ao *hammam*. Diana quase me mata.

– Coooomo? E como ele vai entrar? Pela janela, enrolado numa toalha? Você sabe que está lotado, nós reservamos há dias. Vai ser impossível conseguir lugar.

– Pensei – digo-lhe imitando o tom meloso de minha filha para "situações extremas limite 1" – que você poderia fingir que não está passando bem... e ceder seu lugar – pronto, já disse. Agora me encolho esperando a tempestade.

– Vá se catar! Tô há três semanas sonhando com essas piscinas e essas massagens! É superdifícil conseguir uma reserva, e agora vem você me arrancar esse sonho! Nem a pau! – esqueci que o tom meloso de Maya não costuma dar resultado.

– Diana, você cansou de rir de mim, de chorar comigo, de me recriminar porque não pesco nem uma sardinha, e no dia que cai um peixão desses na minha rede, você não colabora... Vai me tirar essa oportunidade única? – esse argumento é definitivo para minha amiga.

– Ué... tudo bem...! Por que você não sai para jantar com ele? Por aqui tem uns restaurantes bem interessantes.

– Nem vem, santa! Seria só mais um jantar; em compensação, um *hammam* é uma lembrança para guardar pelo resto da vida.

– Não continue se não vou começar a chorar. Vou fingir que tenho o quê? Maleita, depressão pós-parto?

– Uma dor de cabeça está de bom tamanho, também não precisa estar sempre divina. Só quando se consegue um encontro espetacular como o meu.

– Sim, e ainda esfrega na minha cara. Tá me devendo um jantar, em Barcelona, no restaurante de minha escolha, porque em Granada já percebi que não vou ver nem seu rastro.

– Ok, fechado!

Em todo caso, não deixei de telefonar para o *hammam* para tentar pelo menos encontrar lugar para mais duas pessoas. Adorei a generosidade de Diana, mas me faz um mal tremendo deixá-la trancada no quarto do hotel, e ainda por cima perdendo algo que tinha planejado. A varinha mágica volta a funcionar: apareceram duas desistências e não há problema de irmos em quatro em vez de dois. Hoje é meu dia de sorte. O encontro não será tão íntimo, mas me sinto melhor comigo mesma, e não duvido que será divertido, no mínimo.

– Ok, melhorou – Diana se levanta satisfeita e começa a procurar sua roupa de banho e outros apetrechos. – Mas você continua me devendo o jantar.

– O quêêê?

– Sim, e por duas razões que vou lhe dar agorinha mesmo: a primeira por haver tido a ideia horrível de me substituir por um pretenso pretendente, e digo pretenso porque ainda não rolou nada entre vocês. A segunda razão: agora vou ao *hammam*, sim, mas vou ter de aturar o amiguinho do seu pretendente, que é um pouco aguado. E digo "um pouco" para ser gentil e não estragar esse clima de magia que você criou aqui em Granada. Você poderia chamar sua fada madrinha e pedir um acompanhante mais interessante do que esse escocesinho. Além do mais, ele tem um sotaque tão gutural que ninguém entende o que diz. Esta manhã chegou a ser cômico: ele me dizia alguma coisa, eu o fazia repetir três vezes, não entendia o sotaque, respondia uma coisa que não tinha nada a ver, e então ele me fazia repetir três vezes minha resposta porque não entendia o sentido de minhas palavras, e nisso ficamos até as quatro da tarde. Não acredite que conversamos muito. A maior parte do tempo foi perdida com as repetições. Menos mal que não é de muita conversa.

– Por favor, Diana, é só por uma noite...

– Sim, por isso aceito, e pelo jantar que você há de me pagar.

Hoje também é o dia de sorte de Diana.

Em qualquer filme ou livro inspirados em fatos reais, inclui-se uma advertência ao final ou no início que diz mais ou menos assim: "Este filme é baseado em fatos reais, mas os personagens são fictícios. Qualquer semelhança com a realidade é mera coincidência". Sempre achei que como advertência, por mais que exima o autor, é bastante inútil, porque as mentes mal pensantes não vão deixar de procurar relações entre o real e a ficção, por mais que se peça.

Era isso que eu gostaria de encontrar no *hammam*, alguma semelhança entre a realidade e minha imaginação. A decoração bate, e é deslumbrante, a música combina e a atmosfera está repleta de aromas com reminiscências exóticas. Mas não seremos as únicas a desfrutar da piscina instalada em uma sala cheia de azulejos multicoloridos...

– Ah não! Todo mundo que estava na fila esta manhã em Alhambra está aqui também. Olha lá! As duas francesas com os chapeuzinhos fofos. Oi! E os vovozinhos de Soria, que nos enrolaram enquanto esperávamos. Olá! E o grupo de poloneses que catou metade dos churros... Que bom nos encontrarmos todos aqui! A água da piscina deve estar parecendo uma canja!

Eu morro de vergonha, enquanto os banhistas mais próximos morrem de rir. Agradeço a Deus por Ian ainda não ter saído do vestiário, mas como "não há semelhança entre realidade e ficção", ao surgir ele está morrendo de rir.

– Bom, aqui, se você se afogar, pelo menos sabe que será salvo rapidamente – digo tentando tirar água de pedra.

– Sim, salvam a gente de morrer afogado e morre-se asfixiado! – sentencia Diana.

Mesmo assim, entramos rapidamente na água, porque não estou tão satisfeita com meu corpo a ponto de exibir-me diante do homem por quem estou apaixonada. Embora o ambiente não se ajuste precisamente a um clima de intimidade e romantismo, assume certos ares de filme cômico que valem ainda mais a pena. Acho que não ria tanto desde que tinha 20 anos, e os outros parecem que estão mais ou menos a ponto de bater o mesmo recorde. Até o insosso do Tim revela um humor fleumático que hasteia bem alto a bandeira britânica. Não era isso que esperava do *hammam*, mas agradeço pelo momento. Além do mais, são apenas nove horas da noite, ainda resta muito tempo pela frente. Já na porta, após um chá reparador, a pergunta inevitável:

– Bem, que faremos agora? – antes que alguém responda, Diana toma a iniciativa.

– Olha só, convenci o Tim a me acompanhar ao Festival de Cinema Fantástico que está em cartaz, estreando um filme muito bom, acho que vale a pena conferir. No seu caso, Cris, não recomendo, porque já sei que esse tipo de filme não te agrada... – estou a ponto de me jogar nos braços de Diana. Juro que não lhe insinuei nada, nem combinamos o que faríamos. Limitou-se a me mandar uma mensagem mentindo como uma velhaca. Ela sabe que sou doida por esse gênero de filme, mas é evidente que hoje não há termos de comparação.

– Sim, é verdade, Diana, acho que dispenso. E você, Ian, que vai fazer? – tchan, tchan, tchan, tchan... esse é o verdadeiro momento de suspense.

– Eu também não vou não, não me animo a ficar dentro de um cinema esta noite. Poderíamos ir jantar em algum restaurante daqueles que vimos em Alhambra, não, Cristina? Você me guia? – me diz piscando o olho.

O único que não sabe aonde vai parar esta noite é Tim, que Diana tenta fazer com que mantenha a veia cômica que revelou no banho turco. Ian e eu começamos a subir pelas ruazinhas do Albayzin em direção a um restaurante que eu, esperta e calculista como sou, já tinha em mente. Sentados à mesa, com um bom vinho tinto em nossas taças e o jantar pedido, me diz:

– Preciso lhe confessar uma coisa – não sei a que velocidade chega o coração dele, mas o meu já está saindo pela boca.

– Tudo bem, pode falar... – observo-o passar uma mão lentamente pelos cabelos pretos, mas ele não percebe como estou retorcendo o guardanapo no meu colo.

– Uma das razões por estarmos em Granada é esse festival; eu convenci todo mundo a vir aqui para assistir ao maior número de filmes, tenho toda a programação no meu quarto no hotel, com todos os que me interessam destacados com marca-texto. A estreia do filme a que Diana se referiu, eu a esperava há semanas! Mas não trocaria este jantar com você esta noite por nada deste mundo. Quando você saiu do vestiário e passeou pela beira da piscina até entrar na água, pensei: "A única coisa que quero é ficar com ela, o tempo que ela me permitir" – e termina com um suspiro satisfeito por haver conseguido dizer o que queria. Seu sorriso põe fim ao esforço.

A varinha mágica trabalhou duro hoje. Nem me dou ao trabalho de lhe dizer que gosto de cinema fantástico. Para que perder tempo, quando há coisas muito mais importantes para dizer... e fazer?

# capítulo
# 5

"Vou contar até cem e receberei um SMS dele no celular. 1,... 2,... 3,... 4,... 5,... 45,... 46..., 47,... 97,... 98..., 99, 100!"

Na rua, perto de mim, o afiador de facas lança seu apito agudo e o entregador do gás bate os botijões para chamar a atenção da freguesia. O celular continua em silêncio, dormindo o sono das máquinas. Melhor contar até duzentos ou duzentos e cinquenta. Por fim, instantes depois, quando me levanto, já havia uma mensagem: "Outro dia nublado. Mande seus raios de sol para iluminar minha manhã!".

Não sou supersticiosa, mas desde a adolescência aplico na minha vida cotidiana jogos mentais para "atrair a boa sorte", quando preciso dela. Um deles é este: concentro-me contando até determinado número, gerando assim força mental para concretizar meu objetivo: "conto até vinte e acontecerá isto", "conto até oitenta e acontecerá aquilo". Quanto mais inacessível o desejo, mais é preciso contar. A eficácia do método não está absolutamente comprovada, mas pelo menos me distrai.

O certo é que nesses dias não necessito de muita distração porque ando com a cabeça no mundo da lua. Ou melhor, em Londres. Se me distraio um pouco mais no trabalho, tenho medo de despencar do andaime e bater com a cabeça no chão. Como não me concentro, vou começar a colocar anjinhos em lugar de volutas de folhas no interminável quadro que tenho pendente em casa. Diana diz que estou abobalhada, mas só estou tentando manter viva a recordação daqueles dias em Granada. Espero não acabar virando uma lunática!

Por enquanto estou me sentindo iluminada por aquela luz que faz a gente andar pela rua com passos firmes, mas sem pressa; olhar para as pessoas – quando as olha – não como seres dos quais se esquivar, mas aos quais se deve dar bom-dia; ficar com os sentidos aguçados a todos os cheiros, sabores e sons e ainda por cima perder totalmente o sono e o apetite. Emagreci dois quilos!

No rosto tenho um sorriso que não desaparece nem debaixo do chuveiro. Meus movimentos e minhas palavras seguem o padrão "como Ian gostaria". Neste exato momento o imagino com aquele sorriso deslumbrante que lhe surge nas ocasiões mais simples, vendo-o orgulhoso sair para trabalhar com passo firme e ágil – ou melhor, pesado e acelerado – e chamando um táxi com aquele jeito de quem não tem tempo a perder.

Não tenho a menor dúvida: estou apaixonada. Nos romances é o momento em que os protagonistas dizem: "Quero gritar para que o mundo todo fique sabendo". Na verdade, acho que não é necessário. Minhas amigas pedem pelo amor de Deus para eu não contar a mesma história outra vez. As pessoas que se encontram comigo a caminho do palacete não têm ideia de como estou feliz.

Detesto passar roupa. E o pior de tudo é que Lisa, a garota que vem uma vez por semana arrumar a casa, também detesta. Nesse conflito de vontades o mais lógico, todo mundo pensaria, é que tivesse sido ela a dar o braço a torcer quando surgiu o dilema. Mas não. Sua permanência aqui estava em jogo, e encontrar alguém para cuidar da casa não é tarefa fácil, de maneira que quem estava em desvantagem era eu. Com o tempo percebi que era um erro de percepção. Tarde demais. Após trinta segundos de reflexão em que nós duas medimos forças, decidi que preferia que ela fizesse "tudo" o mais. Eu passaria a roupa nos momentos mais tranquilos. Passando roupa a gente pode ver televisão, por exemplo; limpando vidros, a única coisa que a gente vê é o lado de fora da janela.

Mas, na era pós-Granada, não ligo mais a televisão quando passo roupa. Sonho acordada pensando em Ian, lembrando de nossos passeios, revendo a foto do verão passado na Grécia que ele me mandou por e-mail... A verdade é que passar roupa dá um calor!

– Mami, em que canal passa o desenho da Princesinha? Não estou encontrando!

Como é evidente, Maya não está a par de tudo o que me passa pela cabeça. É ela que me faz manter os pés no chão; do contrário já teria saído voando.

– Meu amor, ainda não é a hora da Princesinha. Já se cansou de brincar?

– Sim, e agora queria ver a Princesinha e não passa.

– Se você quiser ver TV, assista a outros desenhos.

– Não tem nenhum legal.

– Quer ver um filme?

– Simmmmmm, *Aladim*.

– Mas você já assistiu domingo passado.

– Mas eu gosto muito! Quero ver de novo, estou aprendendo a cantar as músicas!

– Quem dera se você fizesse o mesmo com a tabuada.

Acabo colocando *Aladim* outra vez, e aproveito para subir em seu tapete voador e ir ao encontro do meu príncipe encantado.

Esta manhã Maya não quis nada além do leite, que quase tive de lhe implorar para tomar. Sou daquelas que afirmam que o melhor para uma criança é que faça uma refeição consistente pela manhã para que tenha energia desde cedo, sem ter de esperar a hora do recreio para comer alguma coisa. Mas quando Maya não quer, também não a obrigo, desde que pelo menos tome leite. Isso é sagrado. É uma herança materna.

No caminho para a escola, a duas quadras de casa, no meio da rua, assim do nada, Maya vomita tudo o que tinha no estômago.

– Maya! O que é que você tem? – pergunto, amparando-a. Ao mesmo tempo, procuro pegar um lenço do meu bolso. No que vou passá-lo no rosto dela para limpá-la um pouco, tem outra crise e vomita novamente, desta vez em cima da minha calça e dos meus sapatos.

O leite ficou quinze minutos no estômago. Está pálida e só diz que não se sente bem. Sua testa está molhada de suor. Está um pouco desorientada. Levanto a cabeça e olho em volta. Salvo algum olhar furtivo, a rua continua funcionando normalmente: passos acelerados, mochilas às costas, a buzina de algum carro... Estamos ambas melecadas e fedendo horrores. Maya choraminga mais pela aparência do que pela saúde. Levanta as mãos porque não quer tocar seu moletom sujo. Damos meia-volta e regressamos para casa.

No meio da manhã estamos ambas limpas e cheirosas, a roupa, prova do delito, pendurada no varal e eu atendendo os telefonemas. Maya, de repouso no quarto, folheia histórias em quadrinhos e troca a roupa de uma de suas bonecas, deitada na cama por vontade própria, o que é prova de que não se sente bem. Está com febre, mas não se queixa do estômago. Decido esperar algumas horas antes de levá-la ao médico. É bem provável que o leite tomado por obrigação lhe tenha feito mal. Sinto-me exausta.

A situação cria um problema. Às quatorze horas, tenho um almoço importante com especialistas de Londres que vêm visitar o palacete. Mesmo que possa ajeitar tudo daqui de casa ou delegar para minha equipe, desta vez é um compromisso delicado, porque sei que, no fundo, disso vai depender parte do financiamento de um orçamento que extrapolou as previsões. A filial espanhola quer restaurar também uma ala do edifício que ia permanecer fechada, o que vai implicar gastos maiores.

Depois de pensar várias vezes no assunto, resolvo telefonar para David.

– David? É Cristina. Preciso falar contigo – vou andando com o telefone sem fio até a cozinha para que Maya não ouça nossa conversa, caso me descontrole e bata boca com ele. Enquanto falo, distraída, vou trocando os vidros de temperos de lugar.

– Não tenho muito tempo porque estou esperando uma visita, mas me diga.

– Maya não foi à escola. No meio do caminho vomitou e está em casa com febre alta.

– Que chato! Mas já está melhor?

– Mais ou menos. Está de cama, meio fraquinha.

– Bem, o jantar deve ter caído mal... Será que ela não se empanturrou de chocolate ou coisa parecida? – tenho certeza de que se empanturra de "coisa parecida" mais na casa dele do que na minha. David sempre foi muito tolerante com a alimentação, como foram em casa com ele. Eu dou voltas no vidrinho de pimenta.

– Não sei o que aconteceu, mas o fato é que não irá à escola hoje, precisa descansar e ficar de dieta. O problema é que às duas da tarde tenho um almoço importante e queria saber se você poderia ficar com ela a partir da uma ou uma e meia...

– Vai ser complicado, Cris, porque hoje está muito corrido por aqui. Se tivesse me avisado com antecedência, teria me organizado...

– As crianças não avisam com antecedência que vão ficar doentes; adoecem e pronto – por que continuo olhando o vidro da pimenta?

– Eu sei, eu sei... Vamos ver o que podemos fazer... Seus pais?

– Acho que vai ser o plano B. Mas não posso garantir.

– Se não der certo, você me telefona que a gente dá um jeito.

O estado de Maya é estável, e se meus pais puderem ficar com ela, tentarei dar continuidade à minha agenda. Mesmo assim não consigo evitar um aperto no peito que sei que não vai passar até que a menina se recupere. No íntimo, não posso deixar de pensar que quem tem de cuidar dela quando está doente sou eu. Um traço ancestral que ainda não consegui extirpar de meus neurônios me aguça o sentimento de culpa. Mas eu, na plenitude das faculdades, culparia outras pessoas e certos condicionantes sociais.

– Papai, obrigado por ter vindo – digo-lhe enquanto abro a porta. Não demorou mais de meia hora.

– De nada, de nada. Você sabe que sua mãe toda terça e toda quinta sai de manhã cedo e só volta depois das duas e meia. Essas universitárias de hoje em dia... Deixei um bilhete para ela, e acho que virá para cá depois.

Maya aparece no corredor com os olhos meio fechados, mas com algo parecido com satisfação em seu rosto. Avô e neta têm uma química de que ninguém mais pode participar.

– Hoje não trouxe doces, Maya, por causa de seu estômago. Mas trouxe um relógio porque preciso de sua ajuda para consertá-lo. Só você, com suas mãos pequenininhas, pode fazê-lo – diz-lhe ao ouvido.

– Hoje não estou me sentindo muito bem, sabe? Não sei se vou conseguir... – se finge de doentinha... enquanto checa no bolso do avô se não há mesmo balas.

– Filha, por que você não acende a luz do corredor? Não vá me dizer que não consegue trocar uma lâmpada...

– Não, papai, não é isso. Não sei o que acontece com essa bendita lâmpada, um mau contato talvez, o fato é que desde que voltamos da Semana Santa está assim. Sei que tenho de chamar o eletricista, mas quando eu liguei ele não estava e depois acabei me esquecendo...

– Chamar o eletricista para isso? Nem pensar. Tenho certeza de que é besteira. É melhor economizar dinheiro, você gasta muito e precisa pensar na sua filha. Planeje seus gastos, já lhe disse. Eu arrumo isso num instante. Tem mais alguma coisa?

– Booooom, já que o senhor perguntou... – faço uma listinha para ele, enquanto visto a jaqueta e calço os sapatos. Em minha família, não seguimos o figurino: eu tenho mais força do que destreza, ao contrário do meu pai. Ele conserta e eu carrego a bagagem dele ou qualquer coisa que me peça.

Estou aliviada porque resolvi o problema, mas preocupada com Maya, embora saiba que está em boas mãos. Não quero nem imaginar meu pai limpando a sujeira, se Maya voltar a vomitar, por isso fecho a porta e tento deixar esse pensamento atrás de mim.

Eu me divirto com os filmes de terror em determinados momentos de minha vida, mas o que eu gosto mesmo é dos filmes de final feliz, se possível sem sofrimentos durante seus noventa ou cem minutos de duração. Quando as luzes voltam a se acender, prefiro conseguir vestir a jaqueta, relaxada e tranquila, e pensar que de fato pude fugir da realidade. Porque, como é natural, em nossa vida não há finais felizes, talvez momentos felizes, e se os temos, não vamos sair levitando, em câmera lenta e sob uma luz dourada.

Para mais uma vez confirmar a lei, se não da natureza, pelo menos do acaso, minutos depois de sair de casa, Maya volta a vomitar. Lei de Muphy. Fiquei com ela mais de três horas, sem maiores problemas além de um estado febril e, ao deixar o cenário desse filme, Maya decidiu assumir o papel de protagonista com uma sequência de impacto. Continuo sem conseguir imaginar meu pai limpando a sujeira, mas ele o fez, e é provável que, quando minha mãe chegar com a capa de "superavó em ação", também ela arregace as mangas.

No almoço quase não provei nada, porque, quando não estava aflita por causa de Maya, duvidava que estivesse à altura das circunstâncias e dos patrocinadores que tinha diante de mim, decidindo se desembolsavam ou não mais alguns milhares de euros. Enquanto isso David, fazendo o papel de pai preocupado, que além de tudo prefere não falar com meus pais, ia me interrompendo como se a indisposição de Maya fosse uma partida de futebol cujo resultado se quer saber.

Tudo isso mantém meus neurônios ocupados enquanto regresso para casa a passos acelerados. Deixei a reunião assim que pude. Uma vez mais sou invadida pela angústia de haver faltado a meus deveres profissionais, mas hoje as obrigações familiares pesam muito mais. No corredor da estação do metrô onde faço a baldeação, um trio de jovens toca um *blues*. A *performance* dá um clima ainda mais melancólico ao lugar. Deixo escapar um suspiro. Tocam bem e isso ao menos melhora um pouco meu estado de ânimo. Sigo o ritmo da música com meus passos, arrastando-me por entre tantos percalços.

Não dou conta de tanta coisa! Quando, dentro da complexa engrenagem que montei, uma peça falta ou se quebra, o maquinário vira um castelo de cartas a ponto de ruir. E vejo a mim mesma como a malabarista que tenta equilibrar esse castelo. Todo mundo prende a respiração na expectativa de que ele desmorone, e em minha cabeça já escuto as vozes desoladas. O pior de tudo é que os outros não podem me ajudar, nada podem fazer senão gritar com entusiasmo ou decepção.

Durante boa parte de minha existência, tive a sensação de que as coisas saíam da forma como eu havia planejado. Em todas as áreas de minha vida, tudo transcorria de acordo com as expectativas do momento. Um dia me dei conta de que isso já não era bem assim. Os fios dessa existência aprazível começaram a se soltar, tive de desfiar e recosturar, cerzir e em alguns casos cortar os fios que não havia como desenrolar.

Descobri que acordar a cada dia exige mais do que simplesmente colocar os pés no chão e sair da cama. É preciso ter à disposição uma série de recursos para lidar com situações que são passagens para atingir os objetivos que a gente quer. O *blues* que ressoa no corredor do metrô cantarola a letra: "*Wish someone would care*" ("Quero alguém que cuide de mim")...

Ao abrir a porta de casa sinto o aroma de carne assada e ouço as vozes de meu pai e de minha filha no sofá da sala. O ambiente caseiro me reconforta, talvez por saudosismo, talvez porque neste momento seja disso que esteja precisando. "*Wish someone would care.*" Quando ouve a porta se abrir, minha mãe já sai da cozinha enxugando as mãos.

– Não se preocupe, filha, está tudo sob controle! E a reunião, tudo certo?

– Sim, e Maya, como está?

– Já conto, estou preparando uma carne assada. Não é para Maya, claro – entramos na sala, e minha mãe se dirige a ela, que fica tristinha ao ouvi-la. – Hoje você vai ficar só no cheiro, nenezinha da vovó. Fiz para você, minha filha. O que sobrar, coloque no congelador. Quanto a Maya, telefonamos para o pediatra, que já deve estar chegando.

Tenho a imensa sorte de ter um pediatra amigo, e pais que resolvem as coisas, de maneira que entrar em casa foi para mim um alívio em todos os sentidos. O relato que minha mãe faz dos mínimos movimentos de Maya durante o dia é a glória, o que dá uma ideia do meu desespero. Há alguém que controla tudo.

Duas horas mais tarde, já tenho o diagnóstico de minha pequena: uma gastroenterite. Não é grave, mas terá de ficar afastada da escola por alguns dias; é virótica, e não posso correr o risco de que contamine metade da turma... se é que ainda não contaminou. Enquanto isso, meu filme romântico, que havia deixado um pouco de lado, continua avançando no ritmo de mensagens pelo celular: "Sonhe comigo. Ian".

Passaram-se cinco dias e Maya foi se recuperando lentamente. A melhora está associada à dieta alimentar. Seus cuidadores, ou seja, meus pais, eu e David, por ordem de guarda, fomos tentando o que seu estômago tolerava e o que não tolerava. Do triste soro passamos ao enjoativo arroz cozido ou à torradinha com manteiga, e hoje me atrevi com uma panqueca. Maya já está desesperada, entediada de ficar em casa. Eu estou cansada, porque quando ela se entedia quer que alguém brinque com ela o tempo todo, o que consome todos os meus recursos. E David encontra-se a ponto de explodir como uma panela de pressão, porque está de mudança e não sabe de onde tirar tempo. Ou seja, somos uma família – ou pseudofamília – problemática.

Eu, se fosse David, tiraria tempo do próprio trabalho, mas isso quem tem de decidir é ele. O fato é que todo mundo está insatisfeito: Maya e eu, porque não aparece mais por aqui, e suponho que sua nova namorada também, porque não lhe dá nem um pouco de atenção em virtude da mudança.

– Seu problema é que você quer resolver tudo sozinho, David. Podia delegar algumas tarefas no seu trabalho, assim como a mudança. O que você não pode delegar são os cuidados com sua filha quando está doente. Além do mais, ela quer ver você.

– E você acha que eu não sei disso? Essa situação toda está me deixando à beira de um ataque de nervos. A coitada da Cíntia está esgotada de tanto trabalho.

– É que você é muito centralizador, quer fazer tudo sozinho. Por que não contratar uma empresa de mudanças? Você ficaria muito mais tranquilo, com certeza. Você pode se permitir isso, claro.

– Como se eu estivesse em condições de fazer despesas extras. Cris, não preciso lembrá-la dos gastos que tenho. Basta mencionar a menina.

Já voltamos a entrar no espinhoso tema da "igualdade da pensão alimentícia dos filhos, no contexto de separados", questão que garante a polêmica em qualquer reunião de família, que pode destruir amizades, para não falar dos casamentos, que já acabaram mesmo, e que envolve divórcios turbulentos. Mesmo assim David e eu conseguimos minimizar o enfrentamento até certo limite tolerável e, desde então, combinamos que não voltaríamos a discutir o assunto, salvo quando fosse estritamente imprescindível. E acho que agora não é.

– David, não é hora de falar disso. Não mude de assunto. A questão é que Maya sente sua falta, independentemente de estarmos ou não separados. Você precisa vir aqui.

– Se não estivéssemos separados, não estaria me mudando, só para lembrar.

– Isso já é problema seu. E se não fosse isso, estaria em um congresso em Paris, ou em outro compromisso inadiável. Acho que é uma questão de organização.

– Organização!? Preciso lembrá-la que meu trabalho é organizar, administrar? Não sou totalmente leigo no assunto.

– Pois então aplique suas teorias em casa.

Essa é uma típica conversa habitual entre mim e ele. Não chega a se transformar em luta livre. Fiz um esforço sobre-humano para me esquecer dos momentos em que chegou, de modo que minha memória evite os pensamentos ruins em relação a ele. Acho que essa é a única forma de manter um relacionamento civilizado entre duas pessoas que, em virtude de uma separação, parecem que estão sistematicamente obrigadas a defender posições divergentes. A outra é não se ver mais.

– Ah, Maya, de novo com febre! Assim não posso levar você à escola.

Maya esmurra o travesseiro, e eu deixo transparecer meu aborrecimento.

Hoje tinha me prometido que tudo ia sair nos conformes, achando que a menina estava bem e que tudo voltaria ao normal. Mas passou a noite mal. Ela, e eu de quebra. Sem entrar em detalhes, às três da madrugada, de rodo na mão, me perguntava o que havia feito para merecer "isso". E agora, às oito da manhã, já está com febre. A típica recaída que essas viroses provocam para avisar que ainda podem entrar em ação. Gostaria de poder matá-las como se mata uma mosca com inseticida, mas a medicina ainda não dispõe de recursos tão eficazes.

Vou à cozinha preparar um café da manhã sem pressa. Hoje é dia de pijama. Nem planejo ir trabalhar, não tenho a quem recorrer. Meus pais têm ficado a maior parte do tempo com Maya, mas hoje já avisaram que não estarão disponíveis. Se ligar para David, na melhor das hipóteses terá um ataque e não quero ser obrigada a limpar manchas de sangue. Telefonarei para minha equipe e avisarei que terão de se virar sem mim. Hoje não é um dia ruim, posso organizá-lo e já faz um tempinho que trabalhamos juntos, confio no meu pessoal. Farei algumas ligações urgentes aqui de casa e aproveitarei para lavar as cortinas. Ou melhor ainda, deixarei as cortinas por conta de Lisa e aproveitarei para escrever um longo e-mail para Ian. Minha saúde mental vai me agradecer.

A novidade do dia foi uma visita inesperada na primeira hora da tarde. Um telefonema me tirou do torpor e me deixou sem ação no meio da sala, sem saber exatamente onde podia encontrar o telefone sem fio que tocava estridentemente. Meus reflexos não estavam cem por cento atuantes quando ouvi a voz de Cíntia. A julgar por sua energia, já devia ter tomado pelo menos uns cinco cafés.

– Cristina, David me disse que hoje não vai poder escapar do trabalho antes das nove. Disse que será difícil que possa ir ver Maya. Pensei que seria melhor se eu ficasse um pouco aí e te desse uma mãozinha, não sei... Então, se você tiver alguma coisa para fazer, pode aproveitar.

Meus neurônios estão em franca desvantagem, mal consigo balbuciar...

– Bom, no momento não me ocorre nada...

Que é que eu preciso fazer agora à tarde? Pela minha cabeça passam a toda velocidade sequências habituais de minha vida: trabalho, compras, recados anotados, pequenos reparos domésticos, algum médico, salão de beleza e outros cuidados pessoais... Finalmente me ocorrem umas sessenta, sessenta e três tarefas pendentes, metade das quais faz parte de uma lista que venho arrastando pelo menos desde a Idade Média.

– Acho que está tudo sob controle, Cíntia, a única coisa que gostaria de fazer esta tarde é ficar por conta da minha filha, que não para de me pedir colo – mais uma vez, por que minto tanto? – Em princípio não preciso de ajuda. Além do mais, você não está ocupada com a mudança? Claro que... se quiser passar por aqui para vê-la... não tenho nenhuma objeção.

Se tivesse pelo menos uma hora, poderia fazer depilação e ainda aproveitaria para fazer uma limpeza de pele. Enquanto seguro o telefone, começo a procurar em minha agenda o número do telefone do salão de beleza.

– Vai me fazer bem me desligar um pouco da mudança... e claro que gostaria de ir ver a Maya. Deve estar entediada, coitadinha. E você também, lógico.

Fico surpresa com o esforço que essa garota faz para ser amável comigo e conquistar minha confiança. Sobretudo, porque eu não faço nada. Está começando a me comover. Autocontrole, Cristina, autocontrole.

– Bom, tirando o fato de que está doente, não está nem um pouco chateada. Maya e eu brincamos muito, e, de minha parte, a verdade é que me distraio muito com suas tiradas tão divertidas.

A realidade nua e crua é que, tirando o almoço, faz mais de duas horas que estamos cada uma na sua, e Maya está bastante debilitada para ser brilhante, de modo que nada de tiradas divertidas. Berros e choramingos, talvez.

Cíntia aparece ao final de uma hora com uma boneca – outra! – para Maya. Para ela, é a alegria do dia, algo que eu não consegui proporcionar a ela desde que se levantou pela manhã. Maya fica feliz, e o sorriso de autossuficiência que armei desde que "ela" entrou pela porta está começando a desmoronar. Maya realmente gosta de Cíntia. Percebo pela confiança com que a trata. Cíntia faz a linha adulta, mas sem autoridade; está mais para irmã mais velha do que para mãe, e Maya mexe com ela. Presta atenção em suas roupas, suas maneiras, seu celular. Para ela, Cíntia não é uma senhora, eu sim. Sinto um ciúme que não me incomodaria nem se estivesse ao lado de David. Ele já não é propriedade minha, se é que alguém pode considerar seu cônjuge dessa forma, mas Maya, enquanto for criança, será.

Observo-as, enquanto Cíntia localiza no computador uma página da internet sobre a boneca. Maya a descobriu na embalagem de seu presente e morre de curiosidade. As duas riem ao ver as animações, cheias de flores, meninas e caras alegres ao ritmo de uma música animada. Que maravilhoso é o mundo infantil, cheio de sorrisos e cores, e eu reflito sobre a mortífera realidade deste meu dia. Estou afundada em uma das poltronas da sala, com as almofadas amolecidas pelo tempo, com uma xícara de chá na mão e sem acender a lâmpada. Gostaria de ter pensamentos tão luminosos como os que saem da tela do computador, mas sinto-me muito amarga. Perco o controle sobre meus sentimentos e me sinto mal por causa disso. Meu lado *kitsch* faz uma manifestação triunfal. Nem sequer fui capaz de aproveitar o alívio que Cíntia me proporcionou para fazer o que bem entendesse. Só acumulei raiva e ressentimento. A agenda ficou aberta na página correspondente ao período da tarde, em branco.

– Cristina, tenho que ir embora. Parece que Maya está um pouco melhor, não?

– Sim, espero poder levá-la para a escola amanhã – digo de costas para ela, dando a perceber que estou recolhendo alguma coisa da mesa. Prefiro que não veja meus olhos avermelhados nem meu nariz inchado.

– As crianças são surpreendentes: num dia estão morrendo, no outro... não é verdade?

– Sim, têm um enorme poder de recuperação, felizmente – evito seu olhar e enxugo uma lágrima furtiva ainda presa no rosto.

– Maya tem sorte de ter uma mãe tão dedicada. Eu ficaria orgulhosa! Você tem uma vida superinteressante e ainda por cima dedica a ela todo o tempo do mundo. Ela te adora, sabia? E isso quando se passa todo o dia com ela, tem muito mérito. Não é como os outros, que a gente fica junto um pouquinho e já deu...

Pela primeira vez, percebo que Cíntia continua mastigando as palavras. Mas desta vez me arranca um sorriso, e é ela, apesar de mim, que consegue fazer com que minha tarde se pareça um pouco mais com o maravilhoso mundo infantil que invejava.

Quando alguém canta debaixo do chuveiro, não escolhe um repertório de qualidade. Simplesmente constata como é fácil esquecer as letras das músicas. Só são recordadas algumas que foram repetidas mecanicamente tempos atrás e ficaram retidas em alguma parte do cérebro. A isso é preciso acrescentar que acertar o tom sempre foi um mistério indecifrável para mim. Pelo menos acontece em um momento de intimidade, em que o restante da humanidade não é afetado. E é melhor cantar do que tomar decisões arriscadas. Mais uma vez me censurando...

Estou pegando leve porque hoje é domingo e não há pressa alguma... Maya e eu vamos sair para dar uma volta por aí, sem rumo. Vamos comprar sorvete e almoçar na casa de Eva e Paco, que nos aguardam. Que delícia não ter nada para fazer, sentir a expectativa da semana que se inicia, vaga e suave como uma cócega, deixando para trás o ranço de uma semana de estresse e sofrimento. Maya finalmente está recuperada, mas o processo não foi fácil. Perdeu quase dois quilos, o que dá para perceber no seu rosto. Umas sombrinhas que poderiam ser chamadas de olheiras apareceram sob os olhos, e me proponho a engordá-la para que se recupere, se for necessário, mas ainda não posso me descuidar de sua dieta. Embora lhe tenha prometido um sorvete.

Depois de tantos dias em casa, está saltitante com o passeio, sobretudo porque se trata de amigas dela, e não de compromissos de sua mãe. Eu em seu lugar não me queixaria: de maneira geral, atualmente, os meninos e as meninas têm infâncias felizes, muitos planos e uma porção de pessoas a sua disposição. Eu me pergunto se se sentem sufocados com tanta vigilância, ou se gostam de se sentir os reis de uma festa que não acaba nunca.

Quando se chega a uma idade madura, a gente começa a se convencer de que a educação que teve foi melhor, porque havia mais disciplina e a gente era mais obediente, porque assistia menos à televisão e brincava mais, ou ainda porque vivia menos estressada com os deveres escolares. Existe um processo mental inevitável que a natureza gera para que os ciúmes em relação aos descendentes não comam nosso fígado. Talvez se não pensássemos que a juventude de hoje está perdida, seríamos mais agressivos com eles por pura inveja...

No celular aparece outra mensagem de Ian, e apesar de a conta do telefone dos últimos meses me saudar com perversidade, não me contenho e respondo: "Hoje ainda não disse o quanto adoro você, meu querido. Cris".

Essa relação veio a calhar. Pelo menos em nossas mensagens de textos e nos e-mails. Estou de bom humor. Ontem à noite, em uma sessão caseira de vícios confessáveis, assisti a um desses filmes em que não acontece absolutamente nada, mas se passeia muito por Paris, o que tem muito mais graça do que andar pelo meu bairro, e se fala ainda mais. Os diálogos, que transformam seus protagonistas, conseguiram deixar minha cabeça em polvorosa. Hoje é como se visse tudo com mais clareza, nesse esforço constante por me interrogar e por me compreender. Um esforço titânico e absurdo, se levo em conta os resultados. Mas hoje posso mudar meu mundo sob a influência de um filme de sábado à noite. Pelo menos essa energia me ajuda a, enquanto estou quase fechando a porta de casa, sair atrás de Maya, que ainda não vestiu uma de suas roupas esportivas, inventando qualquer história infantil.

*Ring! Ring! Ring! Ring!*
– Maya, você não acha que uma vez já basta?
– É que acho que não ouviram a gente – insiste outra vez na porta da casa de Paco e Eva.
– Claro que ouviram. Se não atenderam é porque estão ocupados – contemporizo.
– Todos? Tá! – clássica conversa em que apresento meus argumentos falsos, nos quais não acredito nem em sonho, para tentar convencer Maya de que tudo está sob controle. Mas já começo a não acreditar nisso. Portanto, para que fingir?...
– Tudo bem, vai ver que não estão, e eu esqueci o celular em casa. Assim, como sabem que viríamos, ficaremos sentadas na escada e esperaremos. Se demorarem muito, tomamos o sorvete.
– Aqui, na escada?
– E por que não?

Quinze minutos depois estamos no bar da esquina da casa de Eva, e eu de olho colado na portaria. Continuamos à espera. A varanda do bar está cheia de clientes com jornal na mão, tomando café ou cerveja, dependendo da noitada que tiveram ou da filharada em volta. Os da segunda categoria estão acordados desde antes das nove e agora estão na hora do aperitivo. É uma regra que nunca falha. Eu também bebo cerveja e vou secando com um guardanapo de papel de má qualidade o rastro que as azeitonas deixam entre o prato e a boca de Maya.

Não demora muito a aparecer na esquina uma família vestida de moletom, com suas bicicletas e acessórios, capacetes, cestas e protetores. O mundo rosa pedante não combina com Paco, o marido de Eva, alto e deselegante ao estilo do antigo esportista de quem a idade começa a cobrar a fatura, e a vida, a resignação. A estética cafona das meninas nem sequer combina com Eva, que é o paradigma da esportista competitiva e da mulher prática até na maneira de vestir.

– Estamos esperando vocês há um tempão! – diz Maya.

– Mas ainda é cedo – responde-lhe Eva estranhando, enquanto tira o capacete de Dora, que já está no chão.

– Não combinamos uma e meia?

– Duas e meia.

– Uma e meia.

– Duas e meia, porque eu lhe disse que íamos dar um volta de bicicleta, mas deixaria tudo preparado – Eva tira o capacete de Marcela.

– Sim, disse duas e meia – afirma Dora.

– A idade está afetando você, Cris – diz Paco, divertindo-se às minhas custas.

– O pior é que não é a idade, sempre foi assim. Quando dá pra pegar no pé dos outros... – completa Eva.

– Nem vem, deixe de tirar sarro de mim porque ninguém é perfeito. E o que você me diz desse casaco, Paco? – diz Cristina, a vingadora...

Assim que entra em casa, Eva vai até o aparelho de som e coloca um CD de fados. As meninas vão para o quarto, e após alguns segundos ouvem-se as canções infantis. De uma maneira ou de outra, música faz parte deste lugar. Olho sem me fixar às estantes repletas de CDs, tentando escolher algo que possa me agradar, mas muitos dos cantores me são desconhecidos. Eu sempre dancei a música que tocava na rádio. Eles se atualizam por meio de revistas especializadas, que guardam na parte inferior dessas estantes ou passeiam durante semanas pela mesa de centro.

Paco rapidamente põe mãos à obra na cozinha e Eva pega uma tolha para forrar a mesa, enquanto cantarola com Eliza, a fadista.

– Como anda o coral? – pergunto-lhe.

– Bem... Quer dizer, mais ou menos... Tem gente que sai porque não tem tempo, e entra algum novato, mas já não é a mesma coisa. Ontem mesmo haveria uma reunião, mas eu precisava ir ao colégio das meninas... e não tive escolha.

– Certeza que não tinha escolha? Paco não podia ir sozinho?

– Claro que ele poderia ir, mas o problema sou eu. Sigo essa dinâmica de priorizar as meninas, é muito difícil me desapegar delas – explica-se, enquanto alisa obsessiva a toalha sobre a mesa; eu vou colocando os guardanapos.

– É verdade, às vezes o problema está mais em nós mesmas do que nelas.

– Não é?! Seja como for, a partir da semana que vem não vou ter nem ensaios nem concertos por uma temporada, e se aparecer algum compromisso com as meninas, duvido que vá.

Dentro de duas semanas Paco será internado por causa da bendita hérnia de disco. O passeio de bicicleta de hoje foi uma espécie de heroísmo obstinado de sua parte, um "se por acaso" disfarçado. Agora as costas vão lhe doer horrores, mas falou mais alto a vontade de deixar tudo arrumado e se proporcionar esses últimos prazeres antes das semanas de imobilização. Não vai se comportar nem um pouco como um doente, de maneira que vai carregado de analgésicos se arrastando pela cozinha. Durante os primeiros dias da convalescença, as meninas ficarão em minha casa. Intuo que Eva e Paco não querem que seja esse o assunto da conversa do almoço. Estão mais para o "como se não estivesse acontecendo nada", de modo que dou vazão a meus dotes de palhaça, contando-lhes detalhes do meu namoro, e do de todo mundo.

– E o Ian, que é que ele faz? – me pergunta Paco pela enésima vez, enquanto me serve uma taça de vinho na cozinha.

– A verdade é que ele se envolve com uma porção de coisas. Eu diria que é um homem de negócios. Mas não imagine um "mauricinho" típico de Londres... me refiro ao fato de que tem formação em Administração de Empresas e Marketing e faz estudos sobre onde e quais empresas têm futuro. Mas lhe interessa mais aproveitar a vida do que ganhar dinheiro, embora esteja tranquilo em termos financeiros.

– Ou seja, está com ele por dinheiro. O que você quer mesmo é dar o golpe do baú! – brinca Paco.

– Exatamente. E já que não encontrei um bom partido no Clube de Polo, resolvi me lançar ao mercado internacional.

Morou em Paris, por exemplo, simplesmente porque lhe agradava viver lá. É um apaixonado por tudo o que faz.

– Tudo? – pergunta Eva maliciosa.

– Sim, mas agora vive de quê? – insiste Paco, enquanto pica o coentro com habilidade.

– Há cerca de quatro ou cinco anos, ele e um sócio criaram uma fundação dedicada à compilação de material audiovisual. Compram filmes antigos, documentários e até vídeos caseiros. Às vezes recebem doações de colecionadores, de entidades que não sabem o que fazer com eles. Criaram um fundo e o gerem como uma espécie de cinemateca. Recebem subvenção do Ministério da Cultura, mas o ganha-pão deles sai da cessão de direitos para transmissões de TV, filmes. Acho muito bacana esse esforço de preservar a memória, os vestígios do passado...

– Bom, há quem queira recuperar o passado e há quem olhe para o futuro – diz Eva retomando minhas palavras. – Me refiro ao novo amor de Diana. Ela me contou que arranjou um namorado pela internet!

– É, parece que sim. Se bem que eu não chamaria de namorado alguém que você nunca encontrou "de verdade". Eles trocam mensagens, e conversam on-line, usando a webcam, mas é só!

– Eu gostaria de saber sobre o que tanto falam – diz Paco.

– Não sei se entendo muito esse negócio de namoro virtual... – pergunta-lhe Eva.

– Eu não levaria isso muito a sério. Também tem esse tal de Chico, que corre o mundo fazendo fotos, mas de concreto não há nada. O fato é que, de tanto navegar na internet, há umas duas ou três semanas encontrou esse sujeito, que mora nas Astúrias, e passam tempo batendo papo. Mas parece que não têm intenção nenhuma de se conhecer pessoalmente... – esclareço-lhes.

– O que não me cheira bem... Esse lance de relacionamento virtual parece coisa de gente solitária – reflete Eva.

– Eu acho prático, e realmente um namoro virtual poupa as pessoas de muitos dissabores – diz Paco, enquanto se abaixa para recolher do chão as migalhas de pão.

– Não faça isso! – detém-no Eva, que não perde nada. – E mesmo se fosse virtual, tá proibido pra você.

– Faço agora o que posso.

– Não faça drama, você não está indo para a forca... é só uma hérnia de disco, e não uma cirurgia de coração – respondo-lhe brincando.

– Você banaliza, mas eu morro de medo.

– Brincadeira, Paco, uma cirurgia nunca é pouca coisa para quem sofre, mas também sei que os cirurgiões estão acostumados, para eles tudo não passa de um simples procedimento.

– Mas para mim é um drama, estamos de acordo. O certo é que quem vai se submeter à cirurgia sou eu. Já Eva é que vai ter de suportar o pós-operatório... – e lhe dá um beijo, enquanto ela está abrindo o forno.

– Você que o diga. No fundo, está mais preocupado comigo do que com ele. É tão sentimental! – diz ela cínica.

O vinho me destrambelhou a língua, e a situação em geral me parece bastante ilustrativa da etapa da vida que estamos vivendo.

– Essas coisas passam. Um dia você está tranquilo e de repente tem que se operar. A outra arranja namorado por computador. Eu, quando menos esperava, me separo, e tenho que começar tudo de novo. As coisas não são tão fáceis como nos prometeram.

– Te prometeram alguma coisa? Meu pai não deixou de me dizer que a vida era muito dura e que eu teria de ralar. Do contrário, não teria passado toda a carreira trabalhando como mensageiro. Precisava ver meu pai... botava todos nós para trabalhar... – e sem dar mais importância, vai para o quarto das meninas.

– Paco, você fala isso como se ele tivesse ficado em casa vivendo do salário de vocês, que eram seis irmãos e começaram do zero. Não seja injusto! – grita-lhe Eva, que é mais consciente do que Paco de sua própria história.

– O caso é que às vezes a sorte lhe sorri e às vezes não – acrescento, voltando a meu tema. – Vamos falar claramente. Eu saí perdendo com a separação. Não consigo evitar de ver David como um sujeito de sorte, à custa e apesar de mim. Refez a vida com uma facilidade assustadora. Vangloria-se de seu espírito prático, que teoricamente me pertencia. Isso para mim está bastante claro.

– Pois eu não vejo as coisas dessa maneira, Cris. Vocês dois saíram ganhando, já que não queriam mais ficar juntos. E recomeçar da estaca zero me parece apaixonante. Você pode reconstruir sua vida e redirecioná-la para onde lhe parecer mais interessante.

– Nem sempre você controla a vida – continuo, enquanto Eva me entrega dois pratos cheios de macarrão. Somos a confirmação constante das famosas mulheres multitarefas: refletimos sobre nossas vidas, enquanto preparamos a comida. – Você se joga e faz o que pode, mas preste atenção: tentei construir uma família e fiquei sem ela. Agora a tenho pela metade, e em parte vai ser um obstáculo para construir uma nova, o que tampouco é meu objetivo, para lhe ser sincera.

– Não esquente a cabeça. Siga em frente e tudo bem. Além do mais, é claro que você tem família. Sua família é Maya, e você vai tê-la por toda a vida. Dos filhos a gente não se divorcia. E se não fosse Maya, seria outra família, que afinal de contas são as pessoas das quais a gente quer estar rodeada, e dispenso definições mais antiquadas. Nós não somos uma família? Não estamos sempre aí, nos ajudando, ouvindo o que a outra tem a dizer, juntas? Quem vai ficar com minhas filhas é você, em quem confio mais do que em minha irmã.

– Sim, tudo bem. Mas não é tanto por mim, é por Maya. Me pergunto se a separação afeta a vida dela – minha verve *kitsch* está a ponto de explodir, esplendorosa.

– Com certeza, assim como a televisão, as amiguinhas de escola, esta sociedade narcisista, tudo o que ela presencia na rua. Mas são fatores externos. Você e eu temos que nos preocupar com o crescimento e a felicidade delas... – me empurra suavemente para fora da cozinha, enquanto chama todos à mesa. – Além do mais, tenho que lhe confessar que por mais que ame Paco, morro de inveja desse seu novo amor. Essa sensação de estar apaixonada, a euforia, o friozinho na barriga, os telefonemas... fale mais sobre dele.

– Bem, ele é curioso, apaixonado pela vida. Lindíssimo, como já lhe disse. Muito falante, embora no fundo não fale muito de si mesmo. Mas é uma vantagem conhecer alguém tão extrovertido a essa altura, em que a gente não tem tempo a perder. Ele me conta o suficiente pelo menos para saber se vale a pena investir.

– Não se queixe, Cris, você está no caminho certo. Você conseguiu redirecionar o leme de sua vida, como se diz, no bom sentido. O bom da vida é não saber o que vai acontecer com a gente no futuro, não acha? Ou seja, onde estaremos, você e eu, daqui a vinte anos? Meninas, vamos comer!

– Sim, é melhor nem saber.

Maya e eu voltamos para casa de bicicleta, exatamente como fora planejado, por questões logísticas, com Eva e sua família. Eu preferi não colocar o capacete. Sei que não é prudente, mas não vou estragar o cabelo justamente no dia em que consegui arrumá-lo com certa elegância. Maya, em compensação, posa não sei se de corredora de Fórmula 1 ou de astronauta, mas o fato é que está toda prosa, com tantos apetrechos. Até fez cara de velocidade. Desse jeito, circulamos pela Vila Olímpica, que está totalmente silenciosa. A essa hora da tarde é um lugar aprazível, só frequentado por esportistas de última hora, gente que estica o domingo o quanto pode e por cinéfilos que preferem as versões originais dos filmes que passam nos Cines Icaria. Nas janelas dos edifícios, ainda sem a pátina de um longo uso, veem-se luzes e clarões de televisão. Não consigo deixar de esticar o pescoço para ver se flagro alguma cena familiar. Mas é impossível; aqui a intimidade não é só um substantivo; o uso generalizado de cortinas e persianas confirma a tradição urbana de fechar-se dentro de casa. Quando eu era pequena e voltava de um dia no campo com minha família, me entretinha olhando de dentro do carro as janelas e sacadas. Em um desdobramento de *kitsch* infantil, via a mim mesma como a pequena vendedora de fósforos, do conto de Andersen. Melhor parar por aí.

Maya e eu vamos falando aos gritos e me dou conta de que a conversa está repleta de comentários que também faria a um adulto. É como se de repente me desse conta de que a pequena está crescendo e que posso compartilhar com ela mais do que pretendo. Me dá vertigem e alívio ao mesmo tempo. Continuo pedalando à frente dela, e com essa felicidade *kitsch* que me caracteriza começo a pensar que se contar até cinquenta antes que o próximo semáforo fique vermelho, Ian me telefonará esta noite. Desacelero de repente para ter tempo de contar, com tamanha má sorte que relaxo minhas mãos do guidão, perco o equilíbrio e bato no meio-fio. Estou a ponto de deixar os dentes na roda dianteira.

– Mami, você está saindo da pista. Em que estava pensando? – indaga Maya com certo tom enjoado.

– É que me bateu uma tontura ao pensar na montanha de coisas que tenho para resolver amanhã.

– Então deixe pra resolver amanhã. Mas agora... se não prestar atenção...

Tudo bem. Uma coisa é ela crescer; outra coisa é minha própria filha me dar lições.

# c a p í t u l o

# 6

O toque do meu celular é uma música africana – gentileza de Diana, que a instalou tempos atrás, e não há meio de mudar isso. Ao menos para mim. Porque no dia em que Paula e Nando mexeram no meu novo aparelho, tiravam canções como se fosse a guitarra de Keith Richards. Dá para perceber que meus amigos e eu somos feitos de matérias diferentes. Eu sou capaz de costurar uma saia, o que é raro nos dias atuais, mas que também não me serve de nada, porque minhas peças parecem todas retrô. Acumulo a tal da sabedoria inútil. Hoje em dia o que é preciso conhecer são os novos equipamentos eletrônicos, os computadores portáteis e a compra de passagens aéreas promocionais pela internet. Acertar barras e apertar calças é coisa que se consegue pagando, ainda que se tenha de rodar mais que integrante de ala das baianas para encontrar algum estabelecimento que preste esse tipo de serviço.

O fato é que o toque deste celular são uns sons guturais seguidos de uns tambores realmente inquietantes. E à noite, com a casa em completo silêncio, se "ele" toca, eu dou um salto de susto. Como agora mesmo. Jogo-me na direção do telefone, que está do outro lado da cama. Na telinha aparece a foto de um homem atraente com um sorriso arrebatador.

– *Hi, sweety!* – fico toda derretida quando me fala em inglês, e o melhor de tudo é que não faz isso por esnobismo...

– *Hi!* Sabia que você iria ligar!

– Não sabia que seu novo celular também tinha bola de cristal.

– E *airbag* em caso de acidentes. Esta tarde quase me estatelei contra o chão, andando de bicicleta. Por culpa sua. Estava fazendo uma simpatia para você me telefonar.

– Sinto decepcioná-la, mas tinha pensado em telefonar para você desde a manhã. Não precisava arriscar seu *airbag* por minha causa. Seja como for, adoro que você pense em mim. Mas sem se estatelar, por favor.

– A vantagem de me estatelar é que suponho que você viria cuidar de mim, não é? Assim eu veria você...

– Você se engana mais uma vez. Não precisa se machucar para que eu vá te ver. Não me pergunte como, mas consegui uma passagem de avião para Barcelona, e seria imperdoável não passar um final de semana aí. Posso ir?

– Se pode vir me visitar? Estou morrendo de vontade de ver você!

– Ok, pois agora mesmo clicarei em "aceitar" na minha reserva *on-line*. Espere... pronto! Saída de Lutton na sexta-feira, dia 22, 16h30, chegada a Barcelona às 18h30.

– Vou pegar você no aeroporto.

– Espero que seja com um ramo de flores.

– Pensando bem, vou levar uma orquestra para tocar o *Aleluia*.

– Que seja na versão dos *Rolling Stones*, pelo menos.

A conversa se eterniza e o coração volta a seu lugar depois do vazio inicial. Essa vai ser a primeira vez que Ian e eu vamos nos ver depois de Granada. A primeira vez que um de nós se integrará no mundo cotidiano do outro. A chance de verificarmos se essa história é de verdade ou se precisa de um empurrãozinho.

Meia hora mais tarde, quando desligo o aparelho já com a orelha ardendo, vejo o chão de meu quarto coberto de pó e corro em direção à área de serviço para pegar a vassoura. A limpeza caprichada que faço no piso se explica pelo nervosismo da visita da semana que vem. Nem me lembro de meus rins castigados pela bicicleta. Só vejo defeitos por todas as partes nesta casa, que, para ser sincera, e de cabeça fria, não está nada ruim. Tem o triplo de metros quadrados que a ministra da Habitação diz ser o mínimo para viver, e estou bastante orgulhosa da decoração. E essa coisa de redecorar uma casa da qual desaparece uma parte dos móveis é um esforço psicológico. Esse é outro dos inconvenientes materiais de uma separação: se a gente fica na casa que foi o lar comum, tem que aproveitar o que tem, por mais que se queira dar a volta por cima para não se lembrar da vida passada. Puro malabarismo. Eu solucionei esse problema com uma mão de tinta que causou uma explosão de cores como terapia – ousei com o marrom e o laranja. Arrematei com uma visita-relâmpago à Ikea, de catálogo na mão e com o apoio de Nando, que me ajudava a carregar e se perdia a cada duas esquinas. O resultado foi uma casa alegre. Mas, diante da perspectiva de ter Ian aqui, meu espírito autocrítico vem à tona. Será a primeira vez que um homem, no sentido bíblico do termo, pisa nesta casa desde que me separei. E isso é marcante.

A semana se arrasta, e eu sinto que meu coração vai encolhendo com o passar dos dias. Em vez de me entusiasmar, sou tomada pelo meu habitual pânico cênico e noto como vou me apequenando, à medida que tudo ao meu redor se torna poderoso. Deixo intimidar-me até pela vendedora de peixe do mercado, que se estressa com as clientes que não lhe são fiéis. Inclusive dou razão ao estúpido encarregado dos pedreiros do palacete, que está convencido de que veio a este mundo para tratar de assuntos transcendentais à base de chavões e frases feitas que fazem dele o rei do lugar-comum. Isso quer dizer que estou em pânico com a chegada do fim de semana.

Como medida preventiva, decidi que Ian e Maya não devem se conhecer, aconteça o que acontecer. É tudo muito recente e não faz sentido apresentá-lo a Maya e ficar dissimulando, dizendo-lhe que se trata de um velho amigo. Também é muito cedo para apresentá-lo como meu namorado. Ian me perguntou se iria conhecer minha filha, mas já lhe dei a entender que isso faz parte da fase 3, no mínimo. Ainda temos um longo trecho a percorrer.

Pergunto-me se David foi tão precavido quando começou seu relacionamento com Cíntia. Com certeza a apresentou como se não fosse nada, no dia que lhe deu na telha, sem preparativos. Talvez a melhor maneira seja tirar a transcendência da coisa. Agora que acabei a sessão de concentração no chuveiro, poderia eliminar também a sessão do metrô e a sessão "esperando Maya na porta da escola porque cheguei muito cedo"...

Chego à sexta-feira em tamanho facilmente transportável. E, como costuma acontecer, com o olhar cansado, com olheiras e rugas que marcam impiedosamente o rosto de quem dorme menos do que devia. Por mais que conheça a teoria: oito horas de sono, beber muita água, alimentação saudável etc., a prática não me acompanha. Chega uma idade em que qualquer excesso transparece na pele. Os estragos de minhas noites em claro estão gravados nela como se fosse um papiro da dinastia de Tutancâmon.

Às cinco e meia chego à casa de Diana com Maya. O apartamento, no último andar e rodeado de terraços, pelo qual paga um aluguel baixo por causa de um contrato antigo, é causa de inveja nossa, seus amigos enrolados em hipotecas. Sua mania de decorar as paredes com telas de cores vivas e os objetos que compra nos lugares por onde viaja fazem com que sua casa seja ideal para crianças e para festas psicodélicas.

– Olá, Maya! Olá, Cris! Vamos entrando.

– Diana, também não precisava se disfarçar para receber Maya – cumprimento-a com um sorriso contido. Diana nos recebeu envolta num quimono vermelho brilhante de seda, que traz bordado nas costas um dragão dourado.

– Foi Chico que trouxe para mim! Não é o máximo? Acho que comprou em um brechó, mas ele insiste que pagou os olhos da cara em um mercado de Xangai. Tô me lixando. Não estou linda, Maya?

– Deixa eu experimentar? – Maya decide o que gosta na própria pele.

– Claro, anjinho! – e sem mais palavras tira o quimono e envolve Maya com ele, deixando à mostra um lindo *baby-doll*, também de seda vermelha.

– Não vá me dizer que tem um encontro romântico justamente na noite em que vou deixar Maya aqui! Se eu soubesse não a teria trazido! Diana, você seria capaz de combinar um encontro e ao mesmo tempo dar uma de babá?

– Que encontro, que nada! Não se preocupe com isso. A gente tem é que se vestir com elegância, por dentro e por fora, inclusive quando se está sozinha em casa, sua boba. Este é o segredo do *glamour*.

– Tudo bem, posso não ser a rainha do *glamour*, mas também não lhe daria esse prêmio... – enquanto isso, Maya evolui pela sala, afundando nuns almofadões turcos que Diana deixa espalhados pelo chão.

– É que ou eu uso esses conjuntos ou eles vão acabar mofando no armário. Se for esperar para usá-los num encontro romântico, vão acabar saindo de moda – essa é a mulher que me dizia que eu precisava sair mais...

– Não se queixe, porque a situação não está tão ruim assim. Além disso, você não estava na fase "rainha da escola"? O que foi que aconteceu para você ter virado uma mulher fatal? – ao me sentar em seu sofá encontro debaixo de outra almofada uma blusinha de *lycra* bordada com pequenas lantejoulas prateadas. Estico para ver se cabe em mim, achando que talvez possa pedir emprestada.

– É que minha estratégia estava indo na direção errada. Os jovens gostam de mulheres maduras; dinâmicas, mas maduras. As ingênuas ficam para os que já têm cabelos brancos. Portanto, precisei fazer uma pequena adaptação às circunstâncias, ou seja, à minha idade e ao meu objetivo.

– Ou seja, você voltou à racionalidade desde que tivemos aquela conversa, três dias atrás. Posso ficar com essa blusa para o final de semana?

– Claro, claro, não precisarei dela. Precisamos ser autênticas, Cris.

– O que você não estava sendo... deduzo... "Didi".

– Bom, mais ou menos. Maya, peguei uns filmes da Disney para você escolher alguma coisa para esta noite: que tal *A Bela Adormecida* ou *Branca de Neve*?

– Eu prefiro *Os Incríveis* – minha filha sempre teve critérios bem definidos... mas Diana ainda não os conhecia.

– Maya, você adora a Branca de Neve... – digo-lhe conciliadora.

– Ou se não, *Hannah Montana* – Maya persiste em seus critérios, já menos definidos. Está olhando sem vontade as capas antiquadas dos DVDs que Diana deixou em cima da mesinha de centro.

– Quando foi que você assistiu a essa série? Na casa de seu pai? – como eu detesto os atentados contra meu método pedagógico "TV a conta-gotas"!

– Não, foi um dia na casa de Dora e de Marcela. Quando os pais delas achavam que a gente estava dormindo. Tem um garoto muito idiota – Diana e eu olhamos maliciosamente. Então quer dizer que Eva não escuta tanto música como se presume... Ela também cai na tentação da babá eletrônica como qualquer vizinha. Todos nós temos fantasias dentro do armário... ou dentro da televisão.

– Bom, amanhã de manhã, por volta do meio-dia, David passará pra pegá-la. Lembre-se de que deve levar o pijama e tudo o que está em sua mochila – vou lembrando Diana, enquanto com o olhar procuro Maya, que já está na varanda de trás olhando para a rua. Do apartamento de Diana não se domina o mundo, mas se avista um braço de mar e as varandas dos vizinhos, o que proporciona uma bela fonte de distração em uma cidade como Barcelona.

– Diana, se um gigante for andando pela rua, chega até aqui? – pergunta Maya.

– Depende do tipo de gigante. O Megatron eu acho que não chegaria, mas Gulliver, por exemplo, sim.

– Quem é Megatron?

– É um robô maligno, o vilão do mundo dos Transformers.

– Quem são os Transformers?

Maya dispara sua bateria de perguntas sem sentido. Sorrio com meus botões, apostando comigo mesma em qual delas Diana, que não perde a paciência, dirá: "Desisto". Por ora, participa ativamente da conversa enquanto arranca distraidamente folhas de suas plantas. Nas lajotas clássicas do chão está pintada uma amarelinha com tinta indelével, fruto das excentricidades de Diana, e eu não posso deixar de pular nela. A varanda de Diana agora parece mesmo um pátio de colégio.

Quinze para as oito. O avião de Ian chega com mais de uma hora de atraso, e a única pessoa que fica satisfeita com isso é o caixa do estacionamento. Não roí todas as unhas porque não tenho esse costume, mas começaria a roê-las hoje mesmo, tamanha a minha ansiedade. Sempre fui fascinada pelo que é uma obviedade: a variação na percepção do tempo em função do que esperamos no futuro próximo. Por essa razão, apesar de não haver nenhuma fundamentação científica, acredito que seja lícito dizer que essa uma hora e quinze minutos duraram o dobro para mim, e talvez para algumas pessoas que estão a minha volta.

Não ousei me afastar do portão de desembarque, porque não queria confirmar a famosa regra de que se a gente abandona o lugar durante três minutos para ir ao banheiro, a pessoa aguardada chega bem nesse instante. Também não me aproximei do bar que fica do lado do portão, onde as pessoas consomem sua ansiedade à base de cafés e sucos. Toda vez que as portas automáticas se abriam meu coração disparava, mas, à medida que os minutos passavam, deixei de me impressionar, por mais que meu cérebro, vencido, pensasse: "É agora".

Tive a péssima ideia de colocar salto alto, querendo contribuir com todos os adereços possíveis para minha "beleza natural". Saltos finos, que nem se acredita que tenham saído do armário, e uma saia comprada a peso de ouro, correndo o risco de que um fio solto na meia arruíne minha *performance* na primeira impressão. No dia a dia, não costumo me arrumar tanto; sou a rainha da presilha no cabelo e das calças folgadas, mas a ocasião merece. Conforme os minutos vão passando, minha elegância começa a se desintegrar e as dúvidas me assaltam: estarei passando a impressão de "mulher-desesperada-procura"? Tarde demais para qualquer mudança, portanto não tenho alternativa senão suportar estoicamente, montada em cima desses sete centímetros de salto que estão deixando meus pés em frangalhos.

Vejo estudantes chegando e sendo recebidos por seus pais aliviados, casais que se reencontram sem muito entusiasmo após viagens de negócios, uma equipe de polo aquático que conquistou algum prêmio importante, pelo tom da recepção que os aguarda, e até uma dessas apresentadoras de TV, cujo nome não consigo me lembrar. Estou concentrada demais em um único passageiro: Ian. Se contar até duzentos, ele aparecerá, decido já desesperada. Mas o destino desta vez é benevolente e só preciso contar até quarenta e três. Ian e sua mochila com rodinhas avançam envolvidos em uma aura de cores vivas. Acredito que essa coisa de aura é imaginação minha. Nosso abraço é de carne e osso.

Algumas horas mais tarde estamos jantando em um restaurante apropriado para um clima romântico. Passei a semana inteira pedindo dicas aos amigos. Descartei certos lugares por serem muito populares – tenho que fazê-lo ver que sou "descolada" –, outros por serem luxuosos demais – não quero que ele pense que estou montada na grana – ou barulhentos – temos muito o que conversar – ou moderninhos – apinhados de gente jovem – ou caquéticos – repletos de velhinhos. Achei que o *Esplêndido*, próximo ao Porto Olímpico, se encaixaria no que eu procurava; gostei de ler no guia que era "puro estilo nova-iorquino", e "esplêndido" como expectativa também me parece um bom presságio.

Pois então, foi esplendoroso. Depois do risoto e do pescado fresco com molho tropical, já que o rapaz vem de Londres, estou no sétimo céu. Estamos jantando ao ar livre e, embora para ser sincera, não se ouça o barulho do mar, por causa da música e do vozerio, pressente-se a atmosfera marinha. O vinho e a conversa são inebriantes. Ter Ian em meu território torna-o mais próximo e real. Como boa sentimental que sou, prolongo o jantar tanto quanto posso.

Ian pergunta ao garçom de que é feita uma das sobremesas geladas, com minha mão entre as dele, quando toca meu telefone. Tenho calafrios ao ver que é Diana que está ligando.

– Cris, mil perdões por telefonar. Não incomodaria se não fosse importante.

– Que aconteceu com Maya? – pergunto, sobressaltada.

– Olha, não sei bem ao certo. Ela começou a vomitar mais ou menos às nove horas e já é a terceira vez. Alguma coisa no jantar deve ter feito mal, mas eu juro que foi supersaudável – defende-se Diana angustiada.

– Não duvido disso, Diana. Mas ela está com febre? – penso em uma recaída do bendito vírus de uma semana atrás.

– O problema é que descobri que não tenho termômetro. Não estou preparada para situações como essa, Cris. Pensei em levá-la ao pronto-socorro, mas antes preferi te consultar. Além do mais, ela está chamando por você a todo instante, você e o pai, alternadamente. Não saberia lhe dizer a quem ama mais...

A maluca ainda resolve fazer gozação. Fiquei paralisada. Foram precisos ao menos vinte segundos para reagir.

– Espera um instante, Diana. Preciso pensar.

Ian me olha desconcertado, nem sequer me pergunta o que está acontecendo, embora mantenha uma pose formal. O garçom também nos olha com o cardápio na mão.

– Acho que não vou comer a sobremesa – digo por fim, resignada e ainda com Diana do outro lado da linha.

– Aceitam café?

– Acho que não – Ian é quem responde.

A realidade é nua e crua, e de nada adianta ficar adiando por mais que vinte segundos, que já se passaram rapidamente. O *Esplêndido* inebriante e romântico próximo ao mar tornou-se de supetão um local arrogante e artificial, longe demais de minha filha, repleto de gente que ri enquanto eu me desespero.

– Ian, sinto muito, muito mesmo. Você nem pode imaginar. Mas Diana acaba de me dizer que Maya está passando mal e quer levá-la ao pronto-socorro. Eu acho, ou pelo menos espero, que não seja nada grave, mas preciso ficar com minha filha e verificar o que está acontecendo. Não posso deixar Diana sozinha. Preciso ir embora, sinto muito – começo a colocar o celular dentro da bolsa e luto para retirar a cadeira que está enganchada em alguma coisa, e só consigo ficar ainda mais nervosa. Nem ao menos sei como me despedir dele, que me olha perplexo. Durante alguns segundos ninguém diz uma palavra. Eu espero algo dele, mas não tenho toda a eternidade, então tomo a iniciativa porque percebo que isso é o que ele quer de mim. – Olhe, aqui estão as chaves da minha casa. Diga o endereço ao taxista e ele o levará até lá. Fique tranquilo.

– Você vai chegar tarde?

– Sei lá! Não tenho a menor ideia, mas não acredito que será muito rápido. Se for preciso levar Maya ao pronto-socorro... Não sei...

– Pergunto porque, nesse caso, posso ligar para uma amiga que mora aqui e ir vê-la. Ainda é cedo, deve estar acordada.

Olho para ele como se estivesse diante de um marciano. Então eu preciso sair correndo para prestar socorro a minha filha e ele vai à caça de uma substituta? É isso que está acontecendo agora? Não tenho confiança suficiente para lhe dar uma resposta à altura. Nem sequer me atrevo. Simplesmente respondo:

– Ah é?! Então faça isso. Divirta-se.

Corro para a rua em busca de um táxi diante do restaurante, maldizendo Ian pela falta de consideração e a mim mesma por não tê-lo mandado... se catar!

Quando chego à casa de Diana, tinha passado meia hora de conversa boçal com um taxista fanático por futebol que me obrigou a ouvir o resumo do dia. No apartamento, o sufoco já tinha passado. Maya está melhor; além do mais, o fato de me ver a tranquiliza, e seu alívio é imediato. Tudo não passou de um alarme falso, que é a melhor alegria que pode me dar.

– Cris, me perdoe. Fiquei assustada. Só percebi que ela botava tudo pra fora, e isso me pareceu muito grave. Isso nunca me acontece... e ainda ficava pensando: se acontecer algo, eu caio durinha aqui.

– Você é uma exagerada... o problema é que o jantar lhe caiu mal... e você queria levá-la ao pronto-socorro. Nem te conto a cara que o médico de plantão faria...

– Eu é que sei! Mas fico chateada por ter estragado seu jantar... e o Ian só fica aqui durante o final de semana. Você vai me odiar pelo resto da vida!

– Principalmente por me deixar sem sobremesa... – Diana se levanta de um salto, vai até a cozinha e volta com um pote de plástico na mão.

– Você acha que essa torta de queijo está passada? Maya comeu um bom pedaço, eu comprei pra ela.

– Passada foi a porção que ela devorou, porque é gulosa demais...

Diana volta a se sentar, ou melhor, a afundar em seu sofá, e se agarra à torta. É o melhor consolo nessas circunstâncias. Não para, apesar da boca cheia.

– Bom, mas me conte, como foi o jantar?

– Até você me ligar, tudo bem. Mas a reação que teve quando disse que vinha para cá foi fatal.

– Volta lá e conserta a situação.

– Nem morta! Em primeiro lugar, não vou deixar Maya doente nas mãos de uma histérica, capaz de chamar uma ambulância se a menina tornar a vomitar; em segundo lugar, ele vai estar na companhia de uma amiguinha "reserva". Como se atreve? Veio me ver, sabe que tenho uma filha. Podia ao menos se mostrar solidário. Eu vou é ficar aqui.

– Pois é. Poderia ter vindo com você, afinal de contas já me conhece. Imagina se tivesse que ir à casa de Eva, ou de Nando – e acrescenta, acocorando-se no sofá e colocando-me a mão no braço. – Sabe o que mais? Os homens são como as nuvens. Quando passam, o dia fica radiante.

– A frase é sua?

– Não. Ouvi num filme e plagiei. Vamos a uma partidinha de "buraco"?

– Vamos lá. Depois você me empresta essa beira de sofá para eu dormir?

E assim acabava a noitada romântica, como um sonho frustrado imaginado em casa de uma amiga que, essa sim, compartilhou o mau momento comigo. Mesmo porque, não havia sido escolha dela. O baralho e a conversa são um bom consolo. A torta de queijo também estava uma delícia.

Abro os olhos bem cedinho, porque as cortinas da sala de Diana parecem papel de seda. Como é duro reconhecer tudo o que aconteceu na noite anterior. É surreal estar dormindo na casa de Diana; é surreal ter passado metade da noite com minha filha acordada em meus braços, enquanto eu jogava buraco; é surreal que em minha casa esteja dormindo um inglês com quem teoricamente estou namorando. O rancor que senti por ele até poucas horas atrás se desvaneceu com o sol. Enrolada em uma manta no sofá mais incômodo do mundo, sinto-me frustrada por tê-lo deixado e sinto a consciência pesada. Tenho a sensação de que algo deu errado e que a culpa não foi apenas de Ian.

São oito horas da manhã de sábado, e não tenho tempo a perder. Vou até o quarto onde Maya está dormindo, dou um beijo nela e cubro-a bem, pois tem a mania de empurrar o edredom quando faz frio e de ficar coberta até o nariz em pleno verão. Vou até a geladeira coberta de ímãs e tiro uma caixinha de suco de "frutas tropicais". Bebo um copo enquanto escrevo um bilhete para Diana. Em seguida saio, levando nas mãos os sapatos de salto alto e procurando não fazer barulho.

A rua acaba de ser lavada e é preciso andar com cuidado para a água não respingar nas pernas. Alguns operários caminham com olhar ausente, embora o ar frio os obrigue a manter os pés na terra. Passo pela frente de uma padaria cujo chamariz é um perfume de *croissant* recém-saído do forno que só pode ser artificial de tão gostoso que é. Hipnotizada, compro dois de uma atendente que está cheia de pique, como quem acordou há mais de três horas. O jornal, outro dos clássicos da manhã de sábado, não vai ser necessário hoje.

Acho estranho tocar a campainha de minha própria casa. Mas as chaves ficaram com Ian. Ele abre a porta com seus cabelos pretos em desalinho, os olhos meio adormecidos, vestindo uma camiseta branca e calça cinza. Antes que eu tenha tempo de dizer alguma coisa e enfiar os pés pelas mãos, ele me abraça, quase me esmaga. Como é bom sentir o seu calor...

Hoje nesta casa o café da manhã serviu como almoço. Pilotamos a cozinha a dois, ele abrindo todos os armários sem cerimônia e eu fazendo as tarefas que só a dona da casa pode fazer, como preparar o café ou amarrar o saco de lixo. Achava que a paixão por alguém acabaria quando essa pessoa estivesse na casa "da gente", preparando dois ovos fritos para o café da manhã, ainda por cima sem ligar o exaustor. Mas Ian provou que isso é mentira...

Já sentados à mesinha da cozinha repleta de guloseimas, como se tivesse sido preparada para uma recepção na casa do embaixador, a conversa gira em torno da realidade:

– O que você quer fazer hoje? Gostaria de visitar algum lugar em especial? Passear à beira-mar? – proponho-lhe de forma cortês.

– Vim para ficar com você, o resto tanto faz – enquanto fala, Ian pega uma fatia de pão de nozes, passa uma camada de patê de salmão defumado por cima e a aproxima de minha boca.

– Não ficou com ninguém? – pergunto-lhe com certa malícia, a boca cheia e mão na frente para manter a compostura e as migalhas que possam voar da boca.

– Não quero ver ninguém mais além de você, Cris – me responde sorrindo –, e se você fala por causa de...

– Sim, isso – corto. – De repente você tem planos com sua amiga.

– Cris, essa amiga tem 60 anos, é casada com um professor aposentado de História e são extremamente dedicados um ao outro. Quase posso dizer que me criei com eles porque são amigos de infância de minha mãe e vieram morar em Barcelona. Fiquei abalado ontem à noite, e não me agradava vir à sua casa, assim, sem mais nem menos, e me jogar na cama. O chão sumiu sob os meus pés quando você disse que ia embora sem pedir que a acompanhasse. Por isso fui à casa de Margaret e conversamos um pouco, basicamente a seu respeito, claro, enquanto bebíamos um rum *gran reserva*. Só isso.

Como com dificuldade o pão de nozes que agora me parece bem áspero. Acho que estou vermelha da raiz do cabelo até as unhas dos pés. Todos os meus argumentos de mulher indignada, que estavam sendo destilados em minhas entranhas, viraram pó. Ian continua se explicando:

– Sei que ainda mal nos conhecemos. Mas ambos estamos querendo apostar nessa relação. Entendo que não queira ainda me apresentar sua filha, e sinceramente respeito sua posição.

Mas ontem à noite era um caso excepcional. Imaginei você sozinha, de madrugada, no pronto-socorro com a menina, e não fazia o menor sentido vir para sua casa dormir tranquilamente. Fiquei até tarde esperando que você voltasse ou me mandasse uma mensagem. Por fim percebi que o problema tinha mais a ver com você do que com Maya.

Tento me refazer do sufoco evitando os balbucios. Agora lamento mais do que nunca a noite perdida.

– Pensei que você não queria ir, que estava aborrecido ou incomodado com o fato de eu envolvê-lo em assuntos domésticos logo de cara. Você não disse nada...

– Esperei que me pedisse para acompanhá-la... Não me atrevi a tomar a iniciativa, porque você havia dito que não queria que eu conhecesse a sua filha. Você é muito taxativa quando estipula regras.

– Tudo bem, mas... ai, que droga! – problemas de comunicação que comprometem nossos relacionamentos e os planos que fazemos para esses relacionamentos. E por mais que conheçamos a teoria: "A comunicação é essencial para o funcionamento de um casal", como sempre a prática vem confirmar que precisamos... de mais prática.

– Além do mais, se tivesse sido na casa de outra pessoa, tudo bem; mas Maya estava na casa de Diana, não é verdade? Nela eu tenho quase tanta confiança quanto em você... – me diz piscando o olho. – Eu quis me comportar como um cavalheiro, e fiquei à altura de um anão.

– Não, Ian, quem fez papel ridículo fui eu – digo-lhe, levantando-me da cadeira para abraçá-lo. – Me perdoe! Fiquei perturbada. Maya é o amor da minha vida, e quando se trata dela o resto do mundo perde importância.

– Pois que perca importância também agora. Telefone para "o amor da sua vida" para saber se ela está bem... e só depois dê atenção a mim, de acordo?

Tudo funciona melhor depois de uma conversa clara, com as cartas na mesa, entre o salmão, as torradas e o suco de laranja. Fico aliviada ao saber que Maya está recuperada, pulando corda na casa de David... com Cíntia – é melhor começar a me acostumar. Eu posso continuar o fim de semana seguindo o roteiro que inconscientemente montei em minha cabeça. Uma caminhada à beira-mar ou um passeio em algum parque da cidade, almoço em um restaurante movimentado, comprinhas em lojas exóticas, risos constantes. E apesar do friozinho na barriga, tenho uma sensação de ordem em tudo o que me acontece. As águas retomam seu curso, mesmo vivendo uma situação inteiramente nova. Mas essa sensação surgiu e não consigo ignorá-la.

Domingo pela manhã, por volta das onze e meia, o interfone toca estridentemente. Com essa sensação de harmonia que me invade, é muito mais fácil perceber que isso é algo fora do normal. Ainda mais quando o toque é insistente.

– Você está esperando alguém? – me pergunta Ian, indeciso entre ficar sentado ou ir se esconder no armário.

– Não que eu me lembre... – será que David me disse que traria Maya mais cedo e eu me esqueci? Ai meu Deus, que papelão! O que é que Maya vai dizer? E David? Só faltava eu dar pretexto para suas gozações e conselhos paternalistas. O interfone não se dá por vencido, e eu vou atender.

– Cris, por que você não atendia? Já estava indo embora, filha. Eu trouxe os trilhos e as estantes para a cozinha que comprei. Combinamos que eu ia trazer hoje, não? – meu pai acha que o interfone não existe e que é preciso se fazer ouvir sem o aparelho.

Sim, era para trazer hoje, mas não sem avisar. Segundo problema de comunicação em um final de semana. Meus pais não fazem nem ideia da companhia com a qual estou passando o fim de semana. Teriam me martirizado com perguntas, e o mais provável é que eu nem soubesse responder a alguma delas. Melhor mantê-los no limbo. Mas que a essa altura meu pai me pegue no flagra, aí já é demais!

– Sim, mas... é que agora não posso descer... E eu não queria fazer o senhor esperar...

– Não, não tenho tempo! Vamos almoçar na casa de seus tios. Quer vir com a gente? – meu pai sempre me pergunta se quero ir aonde ele vai. Mais ainda se estiver com um cavalheiro inglês, que lhe roube o amor filial...

– Não, papai, não quero...

– Bom, pois então vou subir com o pacote porque sua mãe está esperando no carro.

– Não! – pelo olho mágico vejo que o elevador está em meu andar e corro para abrir a porta metálica e deixá-la aberta. – É que... o elevador está quebrado e não quero que o senhor suba tantos andares pela escada – bendito seja meu quarto andar! – Olhe, deixe o pacote na entrada, junto à caixa de correio, que daqui a uns quinze minutos eu desço para pegar. Acho que ninguém vai mexer.

– Bom, eu também acho que não. Mas não me custava nada subir, afinal estou em boa forma...

– Não, papai, não precisa fazer tanto esforço. Vão logo para não chegar atrasados... – continuamos falando pelo interfone como se fosse um telefone; a essa hora, por sorte, também não há muito movimento no prédio...

Preciso fechar a porta do elevador, senão os vizinhos vão reclamar!

Um fim de semana como este deixa uma espécie de ressaca emocional que se percebe em cada terminação nervosa, e na boca do estômago, e no coração, e nos lábios. A essa ressaca se junta a angústia de embarcar em uma viagem que não é fácil, principalmente porque estou acostumada a percorrer curtas distâncias, e essa história de manter um relacionamento a tantos quilômetros acaba me deixando aflita.

Mas por ora Ian me arrancou promessas de amor eterno, o que não foi muito difícil. Enquanto seu avião decolava com destino a Londres, eu voltava de carro do aeroporto chorando ao som de Alejandro Sanz.

A Padaria Villarroel oferece um café da manhã com salgados, doces, café e leite que me satisfaz, mas a Diana não. Ela consome o dobro de comida e fica empanturrada, com a vantagem de não engordar nem parar de falar. O clima primaveril já é bastante quente e, apesar dos altos níveis de ruído desta cidade, preferimos tomar café nas mesas colocadas sobre a calçada para poder desfrutar do sol. Diana não veio de moto porque em seguida iremos às compras, apesar de aos sábados essa ser uma atividade arriscada. Mas já faz mais de um ano que nós duas não saímos juntas e adoramos resgatar velhas tradições. Eu mastigo enquanto Diana me conta suas andanças, ao mesmo tempo em que envia uma mensagem de texto.

– Pois a festa foi patética, Cris. Olha, eu não sou esnobe, mas estava cheia de "trastes".

– De quê? – disparo, enquanto arranco um pedaço de presunto do salgadinho com os dentes.

– "Trastes", "tranqueiras", gente que não vale nem um tostão. Tinha cada figura...

– Conta, conta.

– De cara, na entrada tiravam uma foto com uma polaroide, de surpresa, e com uma peruca loira, porque a anfitriã é fotógrafa. Pegadinha! Eu lhe disse que, como sou fotógrafa, ia ficar nos bastidores, mas nem assim. Todo mundo sabe que não gosto de aparecer em fotos...

– "... para não queimar o filme", eu sei – repetimos essa frase desde que Diana fazia nossas fotos de final de curso na faculdade.

– A festa era em numa espécie de armazém, em Pueblo Nuevo, e só por Deus pra chegar lá, porque foi preciso passar por um beco daqueles de filme de gangues adolescentes. Quando cheguei estava rolando um som bacana, e pensei: "A cara está boa...". Colegas artistas, um bufê bem servido... Pois sim! Tudo fachada! Tudo conversa politicamente correta. Nenhuma surpresa. Fiz a linha simpática com um casal pentelhíssimo com a esperança de descobrir por que estavam ali, e não assistindo à TV em casa. E quando já estava resolvida a cair fora, e disse a frase típica: "Vou ali pegar uma bebida...".

– O velho truque... dá uma raiva quando dizem a você... – completo eu.

– Sim, exatamente, mas aqui quem disse fui eu. Então, como dizia, fui largar o copo pra cair fora, mas tive que passar por uma pista de dança improvisada. Pela animação das pessoas, podiam ter desligado o som. Só havia dois sujeitos dançando, como se fazia, sei lá, há uns vinte anos! Dois "trastes", digamos assim. Um deles vem, então, vacilando na minha direção, e a primeira coisa que lhe digo é: "Olhe, nem perca seu tempo comigo que estou de saída".

– Que grosseria, coitado do cara!

– Ah, tá! O tiozinho além de ficar me encarando – eu mereço! –, quase me derrubou e começou a me contar sobre sua situação de careca... Aí não, né?

– Quê?

– Juro! Pode acreditar, é verdade. Disse mais ou menos assim: "Minha teoria é que desde que comecei a perder cabelo deixei de ser atraente para as mulheres. Agora tenho que trabalhar isso, é complicado. Tento esquecer, não ficar complexado, mas quando finalmente consigo me aproximar de alguém, penso: e agora? Sem falar que é horrível conversar com uma mulher e perceber que ela não para de olhar para a careca da gente. Se você tivesse me conhecido quando eu tinha cabelo... Eu era irresistível. Sem cabelo não há o que fazer" – eu me contorço de tanto rir e Diana prossegue.

– Eu pensei: "Será que isso é uma estratégia para me fazer sentir compaixão?". Mas não tinha condição. Não mesmo! Aí começou a me dar uma agonia... eu queria disfarçar porque comecei a ter pena do sujeito, mas sabe como é... quanto mais a gente tenta segurar o riso... Tive um ataque incontrolável e meu sufoco aumentou em progressão geométrica. Acho que houve um momento em que eu parecia estar tendo uma convulsão.

Diana não consegue segurar a risada ao se lembrar da cena e eu já estou me acabando em lágrimas de tanto rir. Até que por acaso levanto a cabeça e vejo que bem atrás de Diana está sentado um senhor engravatado, de uns cinquenta anos, pasta executiva sobre o joelho esquerdo, com o jornal na mão e as orelhas e os olhos cravados em nossa conversa... completamente careca. Tento fazer um sinal a Diana para que não use mais a palavra "careca" na conversa e, após dois deslizes, consegue. Nesse caso, o ruído do trânsito não serviu de proteção. O olhar espontâneo do ouvinte não reflete precisamente compreensão e senso de humor. Resolvemos pedir a conta e ir às compras. Pelo menos caminhando é mais difícil que alguém escute nossas conversas. Levantamos com toda a dignidade e assim que dobramos a esquina nos contorcemos às gargalhadas.

– Sabe o quê? Vamos à Diagonal, quero ir a uma loja de grife – me diz Diana decidida.

– Perdão, ouvi bem? Desde quando o orçamento da madame permite gastos com grandes estilistas?

– Não permite, mas... um dia de cada vez. Acabo de receber, faz séculos que não compro nada para mim, e pensando bem um acessório ou uma camiseta não são tão caros assim, não é? – me responde, sorrindo esperançosa.

– Não sei, mas meu cartão de crédito não está com disposição de sair da bolsa hoje. Vamos. – Se eu compro um par de meias vou perder o controle dos gastos!

Diana está impossível não só no orçamento, mas também na língua. Acordou com a corda toda, e solta o verbo sobre qualquer assunto.

– Você acredita que todo dia recebo cerca de vinte e-mail inúteis? Entre eles as suas baboseiras. Pode me tirar da sua lista, lindinha, já disse mais de uma vez...

– Mas o problema matemático das vacas que te mandei há uns dois dias era brilhante, não acha?

– Não, não acho – enfia a cara na vitrine de uma loja chiquérrima. – Isso eu não usaria nem morta.

– Quer dizer, mesmo que tivesse dinheiro pra comprar.

– Não bastassem as suas piadas, tem as fotos de recém-nascidos... Estou por aqui com os meus amigos que ficam me enviando as fotos de seus bebês. Tenho milhares de sobrinhos postiços e virtuais.

– Mulher, eles fazem isso com boa intenção! Mande fotos de suas paqueras pra eles... – sugiro-lhe.

– Não, Cris. Aí é que você se engana. Não dá pra comparar. Se eu mandar fotos de meus paqueras, sabe o que pensariam?

– O quê? – pergunto intrigada.

– Que sou uma desesperada em busca de relacionamento. Como se estivesse procurando a felicidade.

– E por falar nisso... – digo insistente – ... como anda o namorado virtual?

– Aquilo não é namorado nem coisa nenhuma. É como aquela coisa de quando éramos crianças, a história de fazer amizades por correspondência. Eu me correspondia com uma garota de Valência. Seja como for, prefiro conversar on-line com ele a ver fotos fofas de bebês rechonchudos. E aí, vem ou não vem? – me repreende na porta da loja.

Embora Diana seja uma de minhas melhores amigas e passemos muito tempo juntas, percebo que trilhamos caminhos diferentes. Minha vida nunca seria plena se tivesse a liberdade e a solidão reivindicadas e escolhidas por ela. Neste exato momento me estresso só de pensar em organizar minha vida particular em função de meus compromissos profissionais. Depois de um dia estafante, estou mais para me sentar no sofá de casa e descansar os pés em um almofadão para poder ler ou conversar com Ian sobre qualquer coisa, com Maya dormindo ou brincando comigo. Sim, essa é minha concepção de felicidade.

Em contrapartida, minha concepção de caos pode se aproximar bastante de uma viagem de ponte aérea. São nove horas e quinze minutos da manhã de uma segunda-feira, e deveríamos ter embarcado uma hora atrás, mas o voo está atrasado por "motivos técnicos". Que surpresa! Nem sequer sabemos qual é o portão de embarque. Sabíamos, mas desapareceu da tela, algo altamente desalentador quando se está prestes a embarcar. Fui convocada para uma solenidade do banco em Madri, ato do qual participará até um ministro. Devo fazer uma breve exposição sobre a restauração do edifício, o que está me deixando louca, não pela dificuldade de falar, mas pelos rígidos protocolos a seguir, que estão me deixando rígida também. Minha pasta com o notebook passa a imagem de executiva que todo mundo espera de uma pessoa na fila da ponte aérea. Minha bolsa tamanho *king size* me recorda que sou uma neurótica que não se atreveu a mudar de bolsa porque teve medo de esquecer alguma coisa importante. Agora dentro dela aparece até uma boneca de Maya. Fico olhando para ela e tentando imaginar o que Maya estaria procurando em minha imensa bolsa, quando um senhor idoso sentado a meu lado na sala de espera me pergunta:

– Sente falta de sua filha?

Reconheço que não costumo ser muito sociável em lugares públicos. Não sou do tipo que puxa assunto na fila do supermercado ou faz comentários sobre o atraso no voo. Se alguém se dirige a mim, sou gentil, mas não facilito a conversa. Prefiro observar ou submergir em meus livros ou em minhas músicas. Mas esse senhor idoso, usando bengala, com uma voz bem clara e ainda poderosa, não parece ser desses que sempre estão procurando fazer amigos. O que ele disse não é um pretexto para iniciar uma conversa. Se perguntou, é por algum motivo.

– Bem, admito que quando vejo um de seus brinquedos, sinto um pouco de saudade dela. Mas não deu tempo de sentir falta porque a vi hoje de manhã antes de vir para o aeroporto, e hoje à noite estarei de volta, se é que vamos sair daqui... – respondo.

– Isso é um mistério. Trabalhei como piloto em uma companhia aérea americana durante anos e, embora costume saber qual o motivo de cada atraso, sempre resta o mistério de saber se será resolvido ou não. Conhecer a causa não implica a solução.

– Faz tempo que o senhor foi piloto?

– Voei durante trinta anos, senhora.

– Deve ter pousado em todos os aeroportos do mundo...

– Percorri os cinco continentes várias vezes. E sabe o que sempre levava em minha maleta?

– Não faço a menor ideia! – respondo-lhe fascinada.

– A boneca com que minha filha mais velha dormia quando era bebê. Carreguei-a comigo até que Elisa, minha filha, completou 25 anos. Foi isso que me ajudou a suportar todo esse tempo fora de casa. Naquela época não havia celulares. A gente tinha que inventar outros tipos de substitutos mentais – sorri com uma dentadura trabalhada em ouro.

Nesse momento decido que, aonde quer que vá, essa bonequinha será minha companheira de viagem. Dez minutos depois a boneca estreia em sua primeira viagem aérea. O idoso piloto, que viaja na classe executiva, desaparece na chegada a Madri.

Bem no momento em que o presidente do National West Bank, um aristocrata empertigado e enrugado como uma uva passa, se sentou após brindar à nova etapa da instituição na Espanha, escapuli para a porta do salão do Hotel Villa Magna, onde seria servido o almoço. Consegui ser discreta porque estava em uma das mesas laterais e mais afastadas da mesa da presidência. Para a chefe do Departamento Pessoal, Carmen, não foi tão fácil, porque estava em um lugar de certo destaque. Mas aproveitou a euforia dos "graúdos" que a rodeavam para não quebrar o protocolo com uma desculpa. Antes morrer a contar que quer chegar em casa em Barcelona para preparar o jantar das crianças. Isso não fica bem entre os executivos de uma das instituições financeiras mais importantes da Europa. Aposto qualquer coisa que deve ter dito que precisava revisar alguns relatórios urgentes ou algo do tipo.

Há uma hora que Carmen pergunta aos que vieram de ponte aérea quem voltará cedo. Não que a sua companhia me seduza. Desde o dia que se apresentou a mim dizendo quais os meus direitos e obrigações para com a empresa, que a olho com desprezo. Não costuma se relacionar com o restante dos empregados e deixa claro a todo momento que ocupa um cargo de confiança e os outros não. Não é má pessoa, apesar disso. Digamos apenas que sua presunção está acima de suas qualidades humanas. E, apesar de todos os meus preconceitos, fiquei com pena dela e lhe disse que também me interessava voltar assim que fosse possível.

Por acaso, as únicas pessoas procedentes de Barcelona que regressaram antes fomos nós duas, que temos filhos para cuidar. O restante ou são homens, que não parecem ter nenhuma pressa, ou são mulheres um pouco mais jovens sem obrigações familiares. Quando chegarem em casa, encontrarão o prato de sopa quentinha que mamãe preparou, ou uma taça de vinho e os namorados esperando-as, ou, simplesmente, fecharão a porta atrás de si e vestirão o pijama. Estou virando especialista em uma legislação inexistente: a da conciliação entre trabalho e família. Agora mesmo Carmen e eu poderíamos relatar algo a qualquer técnico do Ministério do Trabalho. Ou melhor, aproveitando que o ministro está por aqui...

Saímos voando do restaurante. Lá fora, alguns guarda-costas aproveitam o momento para fumar, um executivo agressivo conversa em seu celular e as recepcionistas, lindíssimas, bocejam atrás da mesa onde estão os brindes: uma caneta para os homens e um perfume para as mulheres. Nosso cheiro é pior que o dos homens e por isso querem nos perfumar, é isso? Nós não escrevemos? Imagino que devem ter comprado os brindes supondo que as mulheres são adeptas da informática. Claro, certamente foi por isso!

No trajeto para o aeroporto, sentadas em um táxi, as duas com os notebooks aos pés e a bolsa no colo, Carmen me conta que a hora do jantar é um compromisso inegociável para ela. Tem dois filhos, uma menina de 13 anos e um menino de 12.

– Um dia percebi que Júlia tinha vomitado no banheiro e, coisa rara, não havia me contado – mas quando é que os filhos contam algo às mães? Quando perguntei, ela negou, mas ficou nervosa, e assim passei a vigiá-la de perto. Sempre foi uma menina muito magrinha, muito bonita, então o fato de ter perdido dois ou três quilos não me alarmou. Levei mais de um mês para perceber que estava se aproximando da anorexia.

– Acho até que você reagiu rápido. Tem mães que levam anos – Carmen tem um impulso de sinceridade comigo que não pode ter com seus superiores para justificar por que abandonou a recepção...

– Isso é impossível, a gente sempre percebe se tem alguma coisa errada com os filhos... A maneira como ela olhava para a comida... Enfim, o fato é que descobrimos a tempo, mas o endocrinologista recomendou que fizéssemos as refeições em família, e principalmente que cuidasse bastante de sua dieta. No almoço fica difícil a gente se encontrar, por causa de nossos horários, embora tanto eu quanto meu marido tentemos, na medida do possível, e ela sempre pode comer na casa da avó. A escola também foi avisada. Mas o jantar é sagrado. Pelo menos assim sei o que come no café da manhã e no jantar.

Eu me preocupo com as indisposições e os resfriados de Maya, mas começo a pensar que o pior ainda me espera. As crianças de 6 anos são controláveis, obedecem e não oferecem grandes desafios, mas a adolescência... Acho que a mente organizada de Carmen e sua retidão – os famosos direitos e deveres para com a empresa – são coisas que agora devem servir para ajudar sua filha a superar a difícil transição da infância para a adolescência. Vou lhe dizer exatamente isso para animá-la, quando meu telefone toca.

– Olá, falo com Cristina Echevarre?

– Sim, ela mesma.

– Cristina, aqui quem fala é Marisa, professora de Maya – entro em estado de alerta. Começo a contar os minutos que posso demorar para comparecer pessoalmente ao colégio da pequena em caso de emergência e com o engarrafamento da cidade, e o resultado é devastador. – Você tem um tempinho? Gostaria de conversar.

– Aconteceu alguma coisa com Maya?

– Não, fique tranquila, não se trata disso. Ela está participando das atividades extracurriculares e está tudo bem. Queria apenas comentar um pequeno incidente em que ela esteve envolvida, porque acredito que deveríamos fazer algo a respeito.

Consigo balbuciar um tênue "Diga".

– Sabemos que Maya exerce certa liderança entre as crianças, a gente já comentou isso mais de uma vez. A verdade é que em sua classe ela é uma das "cabeças" das meninas, sabe, porque nessa idade os meninos e as meninas não se misturam. Bem, o caso é que, com suas duas ou três melhores amigas, Berta, Nerea, Mirela... começaram a segregar uma menina nova, que se chama Judite. Mais do que segregá-la, deixam claro que não querem brincar com ela, que não a consideram bem-vinda, e a menina está melindrada... e como a história chegou ao conhecimento da mãe da garota...

Estou passada. Sei bem que Maya tem esse lado mandão, muito provavelmente fruto do excesso de atenção cheia de culpa que recebe de todos nós. Mas sempre me esforcei por educá-la para respeitar os outros, principalmente os mais velhos, mas também seus companheiros. Sempre insisti com ela que ninguém é superior a ninguém, que todos somos iguais. Constatar que preguei no deserto e que Maya está a caminho de se tornar uma tirana de pátio de colégio me deixa de cabelo em pé.

– Sim, mas e daí? Ela decidiu que não gosta dessa menina e todas as outras concordam com ela, é isso?

– Mais ou menos. É que há dois dias fizeram uma ceninha no pátio do colégio e ontem a mãe de Judite veio se queixar de que estão marginalizando sua filha. Veja, Cristina, não quero me precipitar. Maya é uma menina muito agradável, é sociável, nas aulas você sabe que ela vai bem, não tenho nenhuma queixa a esse respeito. Às vezes é um tanto distraída, mas logo em seguida consegue entrar no ritmo. Também é normal que as meninas formem panelinhas, é um reflexo do que acontece na vida. Mas agora há uma clara falta de respeito, e isso precisa ser corrigido. É a primeira vez que chega ao meu conhecimento um comportamento desse tipo vindo de Maya, e gostaria de esclarecer essa situação, melhor dizendo, creio que possa haver algum motivo que desconhecemos para que isso esteja acontecendo. Não quero superdimensionar o episódio, mas a mãe de Judite está um pouco alterada.

– Você falou com Maya?

– Sim, perguntei a todas elas o que aconteceu, mas deram argumentos vagos, como o de que Judite é boba e que não são obrigadas a brincar com ela. Sem dúvida, elas não são obrigadas a brincar com quem não querem, mas também não podem estigmatizar a menina.

– Você quer que eu fale com ela, então? – Maya vai se inteirar disso assim que chegar em casa...

– Vamos ver o que ela vai contar a você... Seria importante repreendê-la, Cristina. E vamos ver também se conseguimos acalmar a mãe de Judite, que, cá entre nós, é do tipo que gosta de colocar lenha na fogueira.

– Não se preocupe. Farei tudo o que estiver ao meu alcance. Será que eu poderia falar com a funcionária que monitora o horário do recreio das meninas? Queria saber exatamente o que se passou há dois dias.

– Claro, ela se chama Lúcia, já lhe passo o ramal dela.

Enquanto isso o táxi conseguiu chegar ao aeroporto. Subimos as escadas rolantes em direção ao balcão de *check-in* e meu celular volta a tocar justamente na hora em que ia telefonar para Lúcia.

– Oi, Cris, é você? – é a voz da minha mãe, que sempre soa ansiosa até que me identifico.

– Sim, mamãe. Tudo bem?

– Bem, tudo bem. Só queria me certificar, eu é que vou pegar Maya, é isso?

– Sim, foi o que combinamos.

– Então está bem, não se preocupe. Estou preparando o lanche dela, fiz um pãozinho com salsichão e agora a caminho da escola comprarei suco de frutas – detalhes, detalhes... Não precisa me colocar a par de tudo, mãe, com certeza Maya vai comer o lanche que a senhora está levando para ela... Não bastasse estar presa no congestionamento, receber o telefonema da professora de Maya, preocupada com o meu voo... minha mãe me vem falar de bobagens... – O problema, filha, é que não sei se tenho de levar Maya para sua casa ou se trago ela para a minha e você vem pegá-la depois. Que é que eu faço?

– Como você vai estar perto de minha casa, se não for dar trabalho, fiquem lá. Se por acaso eu me atrasar, então a senhora pode servir o jantar a ela, ok?

– Tudo bem, tudo bem, não há problema. Também vou de táxi, porque hoje estou com dor nas cadeiras, filha.

– Ok, mãe. Tem certeza de que pode pegar Maya? – essa é uma pergunta retórica, porque sinceramente não conto com a possibilidade de minha mãe me dizer não. Sara está estudando para uma prova importante que terá amanhã e me perguntou se eu podia liberar esta tarde para ela. Lembro-me perfeitamente das crises pré-provas e não vou obrigar minha babá a segurar um rojão, se posso me ajeitar por uma tarde.

– Claro que posso, minha filha, claro que posso pegá-la. Não se preocupe. Essa dor nas costas não tem jeito, não.

Minha mãe começa a falar de seus problemas de saúde e dos de meu pai, e dos de minhas tias, que são um exército de mulheres poderosas em relação às quais a última coisa que se pode imaginar é que sofram de qualquer tipo de doença. Só vendo quando elas se reúnem, minha mãe, inclusive, seja nas reuniões de família, seja nas refeições em particular. Aí elas descarregam todas as suas energias tramando uma densa rede familiar de apoio e às vezes de devastação.

Desligo o telefone. Carmen está falando com o marido, organizando o final de semana. Estamos com o cartão de embarque em mãos, com previsão de saída para as 17h35, e sentadas diante de xícaras de chá, porque o almoço foi meio indigesto. Ou talvez tenha sido por causa do atropelo da saída do evento. Grudadas como estamos em nossos celulares, quem nos vê deve pensar que estamos ocupadas resolvendo negócios com meio mundo. Se nossas conversas fossem ouvidas por alto-falantes...

– Poderia falar com Lúcia, por favor? – segunda etapa do assunto "Maya, a líder de gangue".

– Sou eu.

– Oi, Lúcia, aqui quem fala é Cristina Echevarre, a mãe de Maya, do 1º B. Acabo de receber uma ligação de Marisa, a professora de Maya, me contando um pequeno incidente que houve com uma garota chamada Judite. Queria falar com você um instante, que se não me engano é quem toma conta delas na hora do recreio.

– Pois não. Não há muita coisa para contar, na verdade. As crianças sempre estão aprontando coisas desse tipo, e normalmente não passa disso. No caso de Judite, sabe como é... não se trata de uma menina muito popular, é bastante tímida e um tanto quanto arisca, mas também não acredito que isso seja um problema muito grave. O que aconteceu é que Maya, incentivada pelas amiguinhas, há dois dias deu uma de valentona e xingou a menina, que começou a chorar. Mas tudo não passou de um pequeno incidente.

– Maya..., como posso dizer, Maya se comporta dessa maneira com muita frequência? – me vem à mente a imagem de uma série americana a que eu assistia quando era adolescente nas longas tardes de sábado. A protagonista era uma garota gritona que usava um lenço na cabeça e era a líder de uma gangue do bairro.

– Não, Maya é uma boa menina, ou pelo menos fica na dela e não costuma se meter com ninguém. As garotas têm dessas coisas entre elas, mas Maya, embora seja um tanto mandona, não é do tipo encrenqueira.

Começo a perceber que o incidente, embora imperdoável, só chegou a meu conhecimento porque a mãe da menina armou um barraco. Nós, pais, muitas vezes somos piores que nossos filhos para resolver os problemas que a vida vai criando. Hoje vou ter uma conversinha com Maya e verificar até que ponto ela tem consciência de seu comportamento.

Pelo serviço de som anunciam a saída de nosso voo pelo portão 72. A fila já está formada há um bom tempo, como se fôssemos voluntários para empurrar o avião e fazer com que saia antes do tempo. Apesar disso, o sorriso acolhedor da comissária de bordo na entrada do *finger* ao conferir o bilhete de cada passageiro, que tem o claro objetivo de melhorá-lo até as raias da perfeição, não adianta nada. Depois de trinta e cinco minutos sentados nas poltronas, sem esperar nenhum vip, o comandante Castañedo comunica que sente muito, mas teremos de abandonar a aeronave em virtude de um problema com a documentação, e que partiremos em outra aeronave. Num piscar de olhos, o enxame de passageiros se levanta com celulares à mão, todos avisando a quem quer que seja sobre a ocorrência. Só para confirmar que estamos na era da comunicação, sem especificar que é uma comunicação absurda. Não posso acreditar que haja tanta gente sendo esperada no aeroporto...

Eu fico no meio-termo: volto a ligar o celular, mas sem fazer nenhuma chamada. Pra ser sincera, o que eu gostaria mesmo era de soltar uns gritos pelos alto-falantes do aeroporto para fazer um comunicado elogioso sobre a eficiência do serviço. Mais que ponte aérea, poderia ser chamada de aqueduto, pelas dificuldades da obra.

Depois de quase meia hora perdida na imensa sala de espera, folheando cansados as revistas expostas, voltam a nos embarcar. Enquanto isso, recebo uma ligação de Maya, que está com a avó esperando meu retorno.

– Mami, está voando?

– Não, Maya, você não se lembra de que a gente tem que desligar o celular quando está voando?

– Que é que acontece quando a pessoa não desliga o celular e alguém telefona enquanto ela está nas nuvens? – agora me arrependo por nunca me ter feito essa pergunta antes.

– Ah, bem, é que os sinais emitidos por um celular ou qualquer dispositivo eletrônico podem desorientar os equipamentos do avião.

– E aí o avião cai?

– Bem, não necessariamente.

– Porque alguém pode esquecer de desligar, não é? E então telefonam para essa pessoa. E aí todos morrem?

– Não, o avião não cai. É apenas algo que poderia acontecer, mas ele não cai.

– Se não cai, então por que tem que desligar o celular?

– Vamos lá, Maya, por que você está me ligando? – depois dos telefonemas anteriores, não estou com muito humor para brincar de charadinhas com minha filha.

– Para saber se já estava voando.

– Não estou, ainda estou em Madri porque houve um atraso e agora vamos decolar.

– Ainda está em Madri? Mas você disse que ia preparar o jantar para mim!

– Maya! Eu não disse isso! Além do mais, temos que ter uma conversinha.

– É que a vovó disse que, se você demorasse muito, ela mesma prepararia o jantar, e como você vai demorar, então vou ter que comer a sopa que ela trouxe.

– Maya, a Marisa, sua professora, me telefonou. Quando chegar em casa, teremos uma conversinha sobre algo que aconteceu no recreio.

– O que? – me responde com um tom de prevenção, mas ainda mantendo uma postura desafiadora.

– Algo que aconteceu com Judite.

– Mas eu nem brinco com essa garota...

– É por aí que vai nossa conversa. Tem certas coisas que não se pode fazer, Maya.

Encerro a conversa em parte porque estou quase entrando no avião e em parte porque sei que por telefone a única coisa que conseguirei é preveni-la. Ela é capaz de inventar uma fábula fantástica sobre sua relação com Judite para acabar me garantindo o quanto ela é boa, uma anjinha. No momento da decolagem, sentada em sua poltrona, Carmen está de olhos fechados e mãos crispadas no braço da poltrona. Agora entendo por que, na pressa de voltar para casa, não queria vir sozinha: tem medo de voar e realmente passa mal. Como estender-lhe a mão me parece uma iniciativa exagerada, procuro distraí-la conversando:

– Sabe, Carmen... eu poderia resumir o dia de hoje em quatro horas de viagem de ida, quatro horas de solenidade, quatro horas de volta e mais quatro horas de tarefas domésticas. Perdi metade do dia "esperando". Uma solenidade exigiu oito horas para o deslocamento. Me pergunto se não estamos todos loucos neste mundo.

Carmen não me responde. Está muito tensa para perder a concentração. E eu me resigno a aceitar a sina de que não me escutem quando protesto, de sempre esperar alguma coisa dos outros, de viver correndo de um lugar para o outro. Essa sou eu. Nunca serei nem como Diana, nem como Eva, nem como ninguém mais. Sou uma espécie de bombeiro que carrega uma agulha em vez de água, com a qual costuro tudo o que acontece a minha volta, esperando que ao final se torne alguma coisa concreta. Por ora, os pontos que dou não permitem ver a forma final, mas nem por isso é preciso deixar de dá-los. E tampouco há tempo para distanciar-me do trabalho para ver como está ficando. Simplesmente não posso deixar de costurar.

# capítulo

# 7

Em épocas passadas, e ainda hoje no interior onde as tarefas continuam ligadas à terra e à agricultura, a passagem de tempo era notada pelas mudanças de estação, pelos solstícios de inverno e de verão. Nas grandes cidades e nas metrópoles, onde se comem morangos o ano todo, onde se pode ir a bares a céu aberto em pleno inverno porque há aquecedores, está se perdendo essa noção e é preciso encontrar novas tradições.

Uma tradição bastante comum para quem mora em "apertamentos" é a troca das roupas de temporada nas prateleiras dos armários. Ainda não assumiu ares de celebração, mas se está caminhando nessa direção. Por ora é um dia que se quer esquecer, sobretudo quando o que se tem de guardar é a roupa de inverno, que nunca cabe no espaço deixado pela de verão.

Apesar disso, hoje essa intensa atividade me encontra com o sorriso estampado no rosto. Maya está na sala vendo *Madagascar*, e com isso tenho uma hora e meia de paz, quando posso adiantar a parte que depois não conseguirei fazer, com ela pulando em cima da cama. Não é um método pedagógico muito louvável, mas somos seres humanos.

As portas do armário de meu quarto estão abertas, assim como a janela, para arejar, enquanto classifico o que não serve mais. Às vezes me surpreendo descobrindo peças pré-históricas, soterradas há anos. No entanto, na hora de me livrar delas, sempre acabam voltando para o fundo das gavetas.

O verão está às portas, e já não se sente aquele friozinho matinal, que faz a gente sair encolhida para o trabalho, nem está quente demais ainda. Esta é a época do ano em que faz a temperatura que todos dizem ser perfeita. A verdade é que tem sido uma das melhores primaveras de minha existência. E não digo isso só pelo clima ou pela beleza das flores, mas porque realmente sinto que estou renascendo. Algo que não acontece muitas vezes na vida...

Apresso a arrumação porque quero acabar nesta manhã de domingo sem falta. Em dois dias, Ian volta a Barcelona.

O que começou como uma aventura em Granada tornou--se algo muito importante em minha vida, embora faça apenas três meses que nos conhecemos. Ainda que a distância seja grande, nossa relação caminha a passos largos. Às vezes sinto até uma vertigem. Porque depois de certa idade a gente já não pode se dar ao luxo de se enganar... E se tem algo de que eu não gosto é de me enganar.

Estive em Londres há menos de um mês. Não vi a Torre de Londres, nem a troca da guarda no Palácio de Buckingham, mas passeei pelo bairro em que Ian morou na infância e tomamos cerveja no seu *pub* favorito, no mais puro estilo tradicional. Ele me mostrou a fundação onde trabalha, e me pareceu algo que só poderia ser fruto de uma mente privilegiada. Mora em um apartamento em Notting Hill, que é a cara dele: um *loft* praticamente sem paredes, com amplos espaços repletos de estantes com discos, CDs, filmes, e alguns poucos livros. Não que Ian seja partidário do minimalismo decorativo, mas foge dos adereços inúteis. E se ganha de presente um vaso horrível, não se sente obrigado a colocá-lo em lugar de destaque, diferentemente do que faço. Durante os dias em que passamos juntos, agiu comigo a sós exatamente da mesma forma como se comporta diante de seus amigos, e isso me encheu de felicidade: Ian é um cara autêntico, não tem necessidade de usar máscaras.

Meus lábios ardem quando preciso encontrar um substantivo para me referir a ele que não seja seu próprio nome: é meu namorado? Meu caso? Meu amigo colorido? Não consigo me sentir à vontade com nenhuma dessas designações. A questão é que a "pessoa" chega na próxima terça-feira à tarde, e acho que está na hora de ele e Maya se conhecerem. Considerando que ficará aqui uma semana, talvez seja o caso de dizer à menina que é um amigo que veio de visita... Nos desenhos animados a que deixo ela assistir em casa – porque não assiste outra coisa na televisão –, não se fala sobre o assunto, mas minha pequena parece saber como se desenvolvem as relações entre adultos. E se vai nos ver juntos, com certeza irá deduzir que somos namorados. Portanto, o melhor a fazer é sermos sinceros.

Meu plano é passarmos o final de semana juntos, os três, nos Pirineus. Aluguei um chalezinho em uma cidadezinha da região. Descobri o lugar por acaso, há alguns anos, quando saía em busca de igrejas românicas para um trabalho de documentação que uma revista havia me encomendado. Desde então volto lá sempre que posso. Esta vai ser a prova de fogo. Se der tudo certo, vou propor a Ian que passemos as férias de verão juntos; se não, depois penso no que poderá ser feito... Neste momento, tenho um telefonema a fazer:

– Oi, Cíntia?

– Sim, sou eu. Cristina?

– Sim. Tudo bem com você? – as relações entre nós melhoraram sensivelmente. Duvido muito que cheguemos a partilhar confidências íntimas ou a sair juntas, mas nos respeitamos e me sinto tranquila quando Maya fica sob seus cuidados. Nem me incomodo mais quando arrasta um pouco as palavras...

– Tudo... Zanzando dentro de casa. Tínhamos pensando em dar uma arrumada nos armários, mas bateu uma preguiça... – isso quer dizer que preferiram dormir até mais tarde. Por um dia me alegro de não ter tido essa opção, caso contrário essa bagunça correria o risco de eternizar-se.

– Pois eu praticamente já acabei. Nem que tivéssemos marcado o dia em um calendário, não? David pode falar?

– Oi, Cris, tudo bem? – a verdade é que os modos de David melhoraram bastante desde que passou a se relacionar com Cíntia. Caso contrário, em um dia como hoje, seu cumprimento teria um tom que já me predisporia ao enfrentamento.

– Tudo, estou em casa, de bobeira... Só liguei para lembrá-lo sobre o que conversamos dias atrás. No próximo final de semana gostaria de levar Maya a Tirvia. Sei que é o seu final de semana com ela, mas gostaria de fazer uma troca.

– Caramba! Você vai mesmo?

– Sim, eu já tinha te avisado... – estou mordendo os lábios e a língua. "Vou com Ian". Conto ou não conto? E se pegar mal? E daí se pegar mal? Aliás, por que pegaria mal? Me chateia ficar constrangida de lhe dizer a verdade, embora ele já tenha passado por isso. Lembro-me perfeitamente da conversa que tivemos e de como me senti arrasada. Claro que as circunstâncias agora são outras, e ele certamente vai respirar aliviado. Ainda assim, não tenho dúvidas de que vai ficar obcecado até conhecer Ian e assegurar-se de que não é uma má influência para sua filha, nem um pederasta enrustido, nem nada parecido. Posso imaginá-lo em seu escritório elucubrando, calculando e armazenando seus dados, "para uma eventualidade".

– Cris, está me ouvindo? Estou falando contigo...

– Ah, desculpe. O que você estava dizendo?

– Que tudo bem, que pra mim tanto faz, que não planejei nada em especial. Faz tempo que não vou a Tirvia. Desde que nos separamos, na verdade. Gostaria de voltar lá. Poderíamos combinar... – David insiste no golpe baixo do "somos uma nova família moderna", é impossível! Só falta dizer que irá com Cíntia nos encontrar...

– Bem, pensaremos nisso em outra ocasião. Então ficamos assim.

– Passa o telefone para a Maya? Quero lhe dizer bom-dia.

– Mayaaaa!

– Estou vendo televisão! Não posso me levantaaaaar!

– Está ouvindo – digo resignada a seu pai. É duro saber que quando está na frente da "caixa idiota" nem liga pra mim ou pro pai. Isso acaba com a gente. Tenho que anotar em minha lista de coisas pendentes de rever em meu método pedagógico, em particular o capítulo "multimídia".

Desliguei sem contar a David o verdadeiro motivo do meu telefonema. Como se verbalizar fosse dar mais realismo a algo que já é real por si só. Ian existe ainda que David não saiba. E David não vai me pedir satisfação. Nesse sentido tenho a vantagem de não ter sido a primeira a encontrar alguém. Para David, já não sou "sua mulher", nem a primeira em seus pensamentos. Suas ações estão condicionadas aos desejos e decisões de Cíntia e, no que me disser respeito, terei de me adaptar a elas. Sou a segunda na hierarquia e já não tenho influência sobre ele, ainda que quisesse. Sou a segunda na hierarquia, e acabo de conscientizar-me disso.

Tenho a mesma sensação que senti há alguns anos, ao visitar um amigo em Sevilha. O cara tinha acabado de iniciar um relacionamento, que eu achava que não passava de simples paquera, mas estava tão envolvido que me obrigou a arrastar minha mala até a casa da dita-cuja, porque não sabia "onde ia dormir". Acabei dormindo no sofá de uma desconhecida, com um cachorro quase me matando de susto sempre que se aproximava de mim e ouvindo as risadas de um feliz casal no quarto ao lado. Na noite seguinte, eu continuava passeando com minha mala e acabamos indo parar no apartamento que ele dividia com dois colegas e dois cachorros. Eu nem quis saber: me tranquei no quarto do meu amigo enquanto o casal passava a noite no sofá, que não era sofá-cama, nem desmontável, nem de tamanho gigante: um sofá comum. A garota me odiou. No dia seguinte, troquei minha passagem e fui-me embora antes do tempo. Ao nos despedirmos ele ainda me perguntou por que estava indo tão rápido. Deveria ter respondido que tenho horror da síndrome de "segunda na hierarquia".

Ninguém nasce sabendo. Menos ainda como contar à filha de 6 anos, quase 7, que está namorando um homem que não é seu pai, com o qual espera compartilhar algo mais que alguns fins de semana agradáveis... E que espera e deseja de todo coração que se deem bem.

Venho preparando Maya há alguns dias. Não gosto de terapias de choque. No fim, preparei-a tanto, repeti tanto, que agora sua curiosidade já se disfarçou nesse arzinho prepotente que as crianças adotam quando têm a sensação de que são importantes. "Tudo bem, tudo bem, já entendi, já sei que o tal inglês está para chegar."

Ela o chama de "o tal inglês", que fracasso! Por onde andará o mito da ternura e da sensibilidade infantil? Vai ver ficou fossilizada nos filmes da Disney...

O certo é que estou à beira de um ataque de nervos, e ela está toda cheia de si, organizando seu exército de bonecas e demais amigas virtuais no tapete da sala. Combinamos com Ian que eu não iria pegá-lo no aeroporto, que ele viria direto para cá, para facilitar as apresentações e não ter de antecipar a saída de Maya da escola.

Quando toca a companhia, eu sou a personificação viva da Dama das Camélias, correndo pela sala para arrumar um vaso, esticar a cortina ou recolher algum brinquedo que Maya deixou largado.

Ian está na porta correspondendo às melhores expectativas: um sorriso aberto, botas de montanhismo, como se fôssemos sair agora mesmo para o chalé – "Não couberam na mala..." – e dois ramos de flores iguais, ou não totalmente, para ser exata. Num deles tem uma boneca com um morango na cabeça. É *Moranguinho*, uma boneca que virou febre entre as meninas. E, evidentemente, não é um presente para mim.

– Maya, este é meu amigo Ian – Maya está com o nariz nas flores que Ian lhe estende sorridente e com as mãos na Moranguinho. É a primeira vez que lhe presenteiam com flores. Começou cedo, a danadinha.

– Oi – diz educada. – Como se chama?

– *Little Strawberry*, que quer dizer Moranguinho – explica Ian.

– Eu sei, porque na escola a gente estuda inglês, e por isso eu falo inglês – diz ela, bancando a sabichona, quando na verdade só sabe dizer *hello* e *good bye*, *strawberry* e *apple*, e mais algumas palavrinhas.

– Fantástico, assim quando eu me cansar de falar espanhol, você pode falar comigo em inglês – propõe Ian.

– Tudo bem, mas agora não, né? Acabei de chegar da escola e estou um pouco cansada – dito isso, me flagra olhando para Ian com certa curiosidade.

– Como foi a viagem? Quer beber alguma coisa? Quer guardar a mala? – pergunto irrequieta. A situação não deixa de me parecer constrangedora. Ian, ao contrário, parece imerso num mar de tranquilidade.

– A que pergunta respondo primeiro? Em forma de telegrama: bem, sim, sim. A viagem foi boa, os atrasos só ocorrem quando é você que viaja; sim, poderíamos tomar uma cerveja ou um refrigerante; e sim, me diga onde eu deixo a minha mala.

Ian tem a capacidade de facilitar o difícil. É alguém que simplifica a convivência. Tem a habilidade de fazer a gente se sentir à vontade de imediato. As crianças também são sensíveis a isso e, ainda mais, logo percebem as intenções do adulto: se seus agrados são sinceros ou se tudo não passa de dissimulação. Não há dúvida de que Ian quer que Maya goste dele, e vai fazer sua parte para que isso aconteça.

Depois de uma hora já a carrega de cavalinho pelo corredor e ensaiam a voltinha do *rock'n'roll*, diz a pequena. Com isso, conquistou Maya. Tudo o que se pareça com uma montanha-russa conta com sua aprovação.

Em seu papel de anfitriã, minha filha quis lhe mostrar toda a casa, e Ian evitou dizer que já esteve aqui antes. Após lhe mostrar as dependências comuns, e até a área de serviço, "onde a gente lava a roupa e coloca os sapatos sujos para que não fique mau cheiro no quarto", ela o leva até o meu quarto.

– Você vai dormir aqui com a mami, porque é o namorado dela. Meu papi também tem uma namorada. E eu também – fico de queixo caído com a normalidade com que ela dá as instruções, e Ian com a declaração exclusiva de Maya, de que também tem namorado. Percebe-se que ele não está acostumado a lidar com crianças.

– Ah! Você tem namorado? E como ele se chama?

– Roger. Ele também é namorado de Ester, porque tem poucos meninos na sala... – os olhos de Ian quase pulam das órbitas.

– Ah. E onde está ele?

– Na casa dele, ué! Onde estaria a essa hora?

– E o que vocês fazem?

– Nada. Somos namorados, só.

– E saem para passear juntos? – Ian começa a dar corda.

– Não, nada disso. Somos namorados, e é só isso. É diferente de vocês. Podemos continuar?

Maya quer ir em frente porque deixou para o final a pérola do *tour* doméstico: seu quarto.

– Este é o meu quarto. Tem senha para entrar. Eu vou te dizer qual é porque, como você vai dormir aqui, pode ser que precise entrar. A senha está escrita na porta – a senha não podia ser mais original: MAYA.

Em seguida, fica uns bons dez minutos mostrando-lhe todas as suas bonecas e bichinhos de pelúcia, por nome e origem, assim como boa parte de seus brinquedos. Ian acaba deitado no chão, olhando por baixo da mesinha de plástico de cor verde, a cabana das bonecas que Maya preparou para elas com livros, caixas e demais tranqueiras que foi pegando pela casa toda. De quebra descubro que a danadinha pegou o saco de batatas fritas e reencontro uma terrina e um copo desaparecidos.

Um pouco mais tarde, Maya já está dormindo e nós acabamos de jantar. Estamos prolongando a sobremesa com o champanhe que comprei para celebrar a ocasião e falamos do episódio crucial da tarde.

– Medo de você já vimos que ela não tem... – brinco, referindo-me a Maya.

– Medo? A única pessoa que tremia aqui era eu! Café-pequeno? Isso é mais difícil do que conhecer os pais da noiva... Os pais pelo menos dissimulam, mas, se a gente não cai nas graças de uma criança, é o fim.

– Garanto que você causou muito boa impressão. Como você disse, do contrário, ela teria demonstrado. Mas então, isso quer dizer que agora é hora de conhecer meus pais? – desafio.

– Não, por favor! Vamos dar um tempo entre os momentos delicados. E agradeço por não querer me apresentar ao pai dela.

– Não, por favor!

Isso, sim, me dá desânimo. Só de telefonar para dizer que Ian está aqui e que iremos com Maya a Tirvia, já me sinto mal. Estou exatamente como há dois dias, em um silêncio administrativo. Apesar disso, não tenho escapatória, porque tenho certeza de que, se souber por intermédio de Maya, vai causar um profundo mal-estar. Vai achar que não o deixei a par de algo relevante para a educação de sua filha. Como é difícil manter vínculos artificiais com alguém que já é passado na história da gente!

– Se você me tivesse feito conhecer seu ex hoje mesmo, isso ficaria parecendo um *reality show* da televisão, algo do tipo *No limite*.

– Sim, *No limite 1: temperaturas extremas*.

– Embora, pensando bem, que prêmios esses concursos oferecem? – corrige Ian.

– Uma casa na praia ou uma noite com o apresentador. Interessa?

– Humm, acho que não...

– Só pelo fato de Maya estar aqui, tudo de repente adquire um ar tão familiar... – olho a minha volta. A mistura "Ian em minha casa com Maya dormindo" me parece um sonho. Acerto número 3.

– Que quer dizer?

– A nossa história... já não é uma "paixonite" de férias. Quer dizer, espero que as bonecas e os salgadinhos não façam você sair correndo...

– Olha, Cris, você nunca me escondeu nada: me contou sua vida do jeito que ela é. Quanto a mim, se for para aceitar, quero o pacote completo. Adoro aproveitar as promoções.

– Você está me chamando de "saldo de liquidação"?

– Não, estou dizendo que estou levando uma tamanho grande e ganhando uma tamanho míni. Isso é que é oferta!

– Ian... acabamos com a garrafa de champanhe.

– Pois então é hora de dormir.

Passo a manhã inteira em cima de meu andaime, em uma das paredes do palacete, com uma única ideia na cabeça. Uma, não: duas.

A primeira é que não vejo a hora de terminar o dia para encontrar Ian. Ter que trabalhar, com ele aqui na cidade, é uma verdadeira tortura, embora tenha relaxado um pouco nestes últimos dias: tenho chegado um pouco mais tarde ou saído para almoçar com ele. Amanhã, sexta-feira, na parte da tarde, não vou trabalhar. Pegaremos Maya na escola e iremos direto para Tirvia. Agora me parece o melhor plano do mundo.

A segunda ideia que me martela insistentemente na cabeça é o telefonema que ainda devo fazer para o David. Decidi que hoje, antes de sair do trabalho, já terei feito isso, e fico indignada comigo mesma pelo fato de não ser capaz de superar meus bloqueios interiores. De novo, não deixo de me surpreender. É mais difícil dar a notícia a ele do que a qualquer outra pessoa. E o pior de tudo é que tenho certeza de que não vai afetá-lo nem um pouquinho. Ou será que desejaria fazer uma ceninha?

Preciso reunir forças suficientes para descer do andaime, lavar as mãos e procurar uma sala com telefone para eu poder ligar para ele. Hoje é quinta-feira, minha última chance. Está quase na hora do almoço, e Ian vem me pegar. Ontem, quando lhe mostrei meu trabalho, fiquei impressionada ao ver o quanto ele se interessa, como se admirou. Minha equipe ficou seduzida, porque ele não parava de fazer perguntas, valorizando o trabalho do pessoal, e todo mundo gosta de ser elogiado. E também, vamos deixar de lenga-lenga, porque a verdade é que ele é um gato! Hoje minhas colegas me perguntaram:

– Seu inglês vai aparecer por aqui?

São onze e meia; em cinco minutos acabo esta demão, guardo meus instrumentos de trabalho e vou telefonar.

11h43

– Cris, pode dar um pulinho aqui, por favor? – Virtu me chama. Não posso telefonar agora. Preciso despachar com ela primeiro.

12h07

– Ok, Cris, tudo bem. Vamos parar um momento para tomar um café, enquanto comento um problema que tenho que resolver semana que vem.

Virtu continua solicitando minha atenção.

12h31. Subo ao andaime de novo? Daqui a dez minutos vou ter que descer outra vez. Mas se levar muito tempo para dar o retoque, a pintura vai ficar muito seca...

13h16. Ian vai chegar em quarenta e cinco minutos e ainda não liguei para David. Na parte da tarde vai ser mais complicado. E amanhã é impossível. Desço, desço.

– Cris, estava te procurando!

Carmen, a chefe do Departamento Pessoal, me agarra no corredor. Desde a viagem a Madri nossa relação melhorou e partilhamos um pouco nossas vidas privadas. Para ser sincera, nossa sintonia é melhor do que eu esperava.

– Preciso enviar umas propostas de contratação e queria saber se devo incluir o pessoal temporário que você me pediu.

Mergulhamos numa negociação sobre como, quando e, sobretudo, quanto. Recordo dos conselhos de José Alberto, meu mentor: nunca faça uma restauração depender de orçamento. Mas chega um momento em que se o banco quiser ver os prazos cumpridos, também vai ter que dar sua parte. De fato, o próprio José Alberto, com quem frequentemente tenho trocado figurinha nos últimos tempos – para falar a verdade, me dá conselhos práticos –, me sugeriu que pressionasse a administração para obter recursos.

13h48. Resolvi o problema da contratação com a Carmen, tirei dúvidas com um carpinteiro e fiz duas ligações... para os possíveis reforços que devem ser contratados. Ian está quase chegando. Estou com o telefone na mão, já é tarde demais para subir novamente no andaime...

– David, está podendo falar?

– Estou colocando o terno para ir almoçar. Tenho uma reunião com uns fornecedores e tenho que sair correndo – essas reuniões, mais do que almoços de negócios, são encontros de amigos. Resolvem os problemas de trabalho em dez minutos, e as duas horas restantes aproveitam para falar de música, futebol ou de que qualquer outra coisa. Mas qualquer homem negaria isso!

– Ah, coitado, eu sei que você não para... Sei que está cansado. Nem almoçar sossegado eles deixam! – acho melhor parar por aqui, porque David me conhece bem para que desconfie...

– E você, como está? Muito enrolada? – enquanto conversa comigo, está falando com alguém sobre o vencimento de um título.

– Vamos ter que contratar mais uma pessoa para cumprir os prazos estabelecidos, mas mesmo assim a obra está indo bem. De noite, quando chego em casa, estou um caco. Não vejo a hora de chegar o final de semana para descansar... – vou falando qualquer coisa sem pensar para poder me concentrar no "que realmente interessa".

– Ah, mas isso não é vida! Já disse que você precisa sair, renovar um pouco o círculo de amizades, conhecer alguém...

– Bem, já que você tocou no assunto... era sobre isso que eu queria conversar, essa coisa de conhecer alguém. Pra depois você não dizer que não sigo seus conselhos – respondo, pegando suas palavras no ar.

– Hummm, então quer dizer que existe um homem misterioso? Já estava na hora, garota – sua falta de tato é conhecida deste lado do Mediterrâneo... mas me dá força. Estou quase a ponto de lhe agradecer.

– Liguei para falar disso, David. Queria contar que Maya e eu não iremos sozinhas a Tirvia, e acho que é melhor que você fique sabendo. Faz três meses que estou com uma pessoa, e parece que está ficando sério, embora ainda esteja cedo para dizer.

– Que cedo que nada, mulher! Nessa idade a gente não tem tempo a perder. Além do mais, você já tem referências: se for parecido comigo, não vai dar certo; se não for, pode rolar. A essa altura você já sabe o que quer. Veja meu caso e o da Cíntia: a gente nem pensou muito – essa sua impavidez me deixa fora de mim, e não consigo evitar que me ferva o sangue. Ele não deu a mínima! Nem um segundo de silêncio! Nem um suspiro! Nem uma alteração na voz!

– Pois então eu também não vou perder tempo. Mas não vou apresentá-lo a você por enquanto. Só vou ter pressa no que me for conveniente – respondo sem titubear. Já fiquei de mau humor.

– Que bicho te mordeu agora?

– Nada não. Só achei que ia ser difícil te contar e fiquei nervosa.

– Mas não há motivo para tanto – e ainda por cima continua falando com alguém ao mesmo tempo. – Olha só, Cris, preciso desligar porque tenho outra ligação importante. Mas, eu juro, desejo a você toda a felicidade do mundo, viu? Tenho certeza de que fará uma ótima escolha – eu sou tão estúpida que ainda fico com os olhos rasos d'água ao ouvi-lo dizer essas coisas.

O murmúrio do pequeno riacho nos acompanha, e só se interrompe quando abafado pelo som estridente de uma moto de trilha que quer mostrar quem manda na floresta. A casa está gelada, por ter ficado muito tempo fechada, por isso resolvemos acender a lareira. Maya está encantada. Jantamos à luz de velas, comendo algo pronto que trouxe de Barcelona. Não há eletricidade. A paisagem da montanha vale o sacrifício...

– Aqui não tem ladrão, não, né? – pergunta Maya. A escuridão não é sua melhor amiga.

– Claro que não, Maya. Além do mais, não tem nada pra roubar aqui – procuro tranquilizá-la, sorrindo.

– Tem ladrões que roubam crianças – continua ela.

– De onde você tirou essa ideia? – pergunta-lhe Ian escandalizado. Tento adivinhar quem lhe terá enfiado isso na cabeça.

– Foi o que o Roger e o Adrian falaram.

– Eles falaram isso pra te assustar, Maya – digo, enquanto coloco um pedaço de tortilha de batatas no prato dela.

– O namoradinho! Acha que é conveniente para ela? – me sussurra Ian com um sorrisinho maroto.

– Ian, eu ouvi! – Ian se encolhe olhando para mim com expressão de "estraguei tudo". – E Roger não é mais meu namorado. É muito bobo!

– Viu? Ela mesma sabe resolver seus problemas – respondo orgulhosa.

– Bom, se um ladrão quiser entrar nesta casa, tem você. Mamãe e eu não estamos sozinhas.

Juro solenemente, em nome de qualquer coisa, que jamais enfiei na cabeça de Maya semelhantes baboseiras sobre mulheres indefesas. Isso tudo é invenção dela. Estou arrasada! Sempre procurei ensinar como as mulheres são fortes, e ela me sai com essa história de criança indefesa. O pior da educação não é começar a preparar o campo da sabedoria e do senso comum, e sim ter que fazê-lo onde já brotou um feixe de ervas daninhas que a gente precisa arrancar constantemente. Não se começa do zero, mas de menos três, no mínimo.

Ian está fazendo uma imersão no maravilhoso mundo da infância. O que é perigoso. Quem entra uma vez, nunca mais sai. Para mim, férias sem Maya já não são um alívio. É como se tivesse deixado algo em casa, fica um vazio que acabo preenchendo com frases do tipo: "Se Maya estivesse aqui agora diria: Que me importa!" ou: "Agora Maya deve estar bebendo seu copo de leite com chocolate antes de dormir", "Espero que pelo menos tome um iogurte". Com isso acabo me tornando uma companheira de viagem insuportável. Não consigo evitar, ela é a minha vida!

Esta manhã tivemos que descer a um vilarejo próximo para falar com o proprietário da casa sobre o problema da luz, coisa de longa meia hora. Maya não parou de se queixar durante todo o caminho, insistindo que queria brincar no bosque. Me senti mal por Ian. Não consigo deixar de pensar que se ele se aborrecer com Maya, também vai se aborrecer comigo – o famoso conceito "pacote" –, e quando ela apronta essas ceninhas fico angustiada. Tento não dar bola, fingir que nada está acontecendo, ignorando-a e mergulhando em uma de minhas manias: prestar atenção aos nomes dos vilarejos que me parecem originais, divertidos ou chocantes durante a viagem de carro. Ian, ao contrário, opta pela via do diálogo. Não para de dar explicações a Maya, e a danada aproveita a oportunidade para virar o centro das atenções. Ao chegarmos ao povoado, consegue que a primeira coisa que a gente faça seja balançá-la um tempão no parque antes de resolver nosso problema.

De volta para a casa, e enquanto passeamos pela vizinhança, aconselho como mãe experiente:

– Não caia na armadilha dela. Se perceber que você entrou na onda, vai te alugar o tempo todo. No final vai estar esgotado. Você tem que impor seu ritmo a ela, e não o contrário, porque é incansável.

– De acordo. Pois meu ritmo é que depois de almoçar gostaria de desfrutar de uma velha tradição espanhola, a chamada "sesta", e adoraria que você me acompanhasse – e me dá um abraço que interrompe bruscamente. – Posso abraçar você diante de Maya?

– Bem, pra falar a verdade... não sei responder.

De repente meu senso comum afrouxa. A todo momento, minha nova relação com Ian me coloca diante de situações que não sei como resolver, no que diz respeito a Maya. Não sei, por exemplo, como devemos nos comportar na frente dela. Ian é muito respeitoso com essa questão. Mas eu é que me sinto perdida. Qual o caminho a seguir? Não há padrões para essa nova vida, e me dou conta de que é preciso tentar, inventar, experimentar... errar. As gerações anteriores não enfrentaram esse tipo de situação. Não há receitas prontas.

– Naturalidade, acho que aí está o segredo. Se você me abraça com carinho, creio que não há problema. A gente não vai sair rolando na grama, não é?

– Acho melhor não... – responde Ian, rindo.

– Pois lamento informar que Maya descartou a sesta há anos. Pelo visto não tem tempo a perder e prefere ficar acordada.

– Não poderíamos convencê-la?

– Por mais irresistível que você seja, isso não depende de mim. Maya só dorme quando está cansada...

– Pois vou fazer ela se cansar. Mayaaa! Vamos ver quem chega primeiro àquela árvore? Acho que vi um esquilo!

Um Ian voluntarioso inicia uma série de brincadeiras digna do monitor de colônia de férias mais bem pago do mundo. Eu me sento embaixo de um carvalho e fico olhando os dois brincarem, interferindo de vez em quando, mas sem perder de vista a página do livro que estou lendo. Que maravilha poder ler mais de três páginas seguidas sem ser interrompida! Ian é uma graça até com a menina... E tudo por causa de uma sesta como recompensa.

Às quatro da tarde, com os restos da fruta ainda em cima da mesa, Ian e sua perseverança convenceram Maya de que uma sesta não seria nada mal. De fato, ela apagou sem nem tirar os tênis e a camiseta suada.

– E então? – regozija-se Ian com um sorriso triunfal. – Consegui ou não?

– Muito bem! Vou só tirar a mesa para podermos descansar também.

Ian desaparece na direção do quarto do piso superior, e eu levo os pratos para a cozinha. Passo pelo quarto de Maya e a cubro com uma manta. Demorei dois minutos, três no máximo. Quando entro no quarto, Ian está tombado, como se estivesse desmaiado sobre a cama. Sorrio e me deito a seu lado.

Depois desses três meses juntos, falando por telefone quase todo dia, vendo-nos tão frequentemente quanto possível, pensando um no outro a cada momento, começamos a pronunciar frases do tipo: "Se morássemos juntos, você acha que...". É muito cansativo ficar planejando nossos encontros antecipadamente, contando com horários de voos, quando a única coisa que eu quero é estar com ele o tempo todo. Odeio ter que nos despedirmos quando ele vai para o aeroporto, ou quando as companhias aéreas me obrigam a antecipar a volta de Londres. E tomo um susto quando me dou conta de que a coisa "está ficando séria" e do que tudo isso significa.

Ian acabou de arrumar a mala, porque parte amanhã bem cedo. Quer estar em Londres ao meio-dia. Emprestei-lhe uma mochila, porque comprou alguns filmes espanhóis e outras coisas mais, inclusive roupa, e está carregado de papéis. Já combinamos que nosso próximo encontro será daqui a um mês. Vamos poder aproveitar mais, porque coincidirá com o período de férias. E eu não tenho dúvida alguma de que quero passá-las com ele.

Esses momentos de despedida são os piores. Já sinto saudades por antecipação e a agonia só se prolonga. Preferiria que já tivesse saído, embora isso significasse que a agonia teria chegado antes. Meu desejo é que ele fique. Se eu soubesse, teria escolhido namorar alguém aqui do bairro!

Ian se senta em uma poltrona, pega o jornal dominical *El País* e o folheia com descaso antes de largá-lo. Eu, que o segui por toda a casa enquanto pegava suas coisas, agora não sei bem o que fazer.

– Cris, o que você acharia se eu me mudasse para Barcelona? – me pergunta assim, à queima-roupa. Pega de surpresa, mal consigo balbuciar alguma coisa.

– Você? Em Barcelona? Mas como?

– Não é nenhum disparate. Você sabe que não tenho um apego tão grande a minhas raízes que me impeça de mudar de cidade ou de país. Já passei por isso outras vezes. Não é a primeira vez que cogito morar na Espanha, e Barcelona é a que mais se encaixa com minha ideia do que uma cidade deve proporcionar. Sem falar que eu amo você, e mora aqui, o que me dá uma motivação muito maior – eu continuo sem reação, enquanto Ian prossegue na argumentação, como se achasse que não está me convencendo de sua iniciativa. – Isso não quer dizer que viria morar com você, assim, de cara. Cada coisa no seu tempo. Não quero pressioná-la. Mas acho que, morando aqui, tudo ficaria mais fácil, mais cômodo, mais verdadeiro. Por favor, Cris, diga alguma coisa...

– Eu adoraria que você viesse para Barcelona! Não suporto essas despedidas, e que ficarmos juntos seja um fato extraordinário! – sim, já está na hora de eu perder meu proverbial pânico cênico.

– Estes dias estive trocando ideias com algumas pessoas, enquanto você trabalhava. Fiz contatos e me inteirei dos preços dos aluguéis na cidade. A fundação já caminha com as próprias pernas, Ralph pode tocar as atividades sozinho, além do mais, hoje em dia não é difícil trabalhar a distância. Gostaria de tentar a sorte aqui.

Estou catatônica. Ian está me dizendo que, antes de conversar comigo, já fez sondagens para saber se o que me diz é tolice ou não. Não é um arroubo em um momento de melancolia antes de partir, e sim uma ideia amadurecida, que quer colocar em prática. Daí que suas idas e vindas não tenham sido nada turísticas, o que também explica a necessidade de outra maleta para levar toda a papelada que ele reuniu para poder refletir com cautela. E se manteve calado. Às vezes Ian é tão misterioso...

Passamos o restante da noite amadurecendo seu projeto. Ian acha que é possível criar algo parecido com a fundação que tem em Londres, o arquivo de imagens, embora ache que precise dar um enfoque mais comercial, algo mais próximo de um videoclube. Agora suas ideias estão fervilhando. Precisa discutir o projeto com seu sócio e talvez arranjar alguma outra parceria na cidade. Eu me proponho a ajudá-lo no que estiver ao meu alcance. No fundo, estou ajudando a mim mesma.

Um pouquinho antes de dormir, pergunto assim meio de brincadeira, meio a sério:

– Como estou vendo que você pensou em tudo, também já decidiu se a gente deve se casar e coisa e tal? – claro que a pergunta esconde certa insegurança, e Ian capta o sentido.

– Não acho que seja preciso encarar uma festa, com pompa e circunstância, para sermos felizes. Mas a gente poderia celebrar nossa união com algum tipo de ritual. Li em algum lugar que não se pode prescindir dos rituais, porque eles dão sentido à vida. Assim como os mitos. E eu concordo.

– Eu também – e aceito dando-lhe um beijo, num impulso irresistível.

# c a p í t u l o
# 8

Maya logo completará 8 anos. Estamos preparando sua festa de aniversário. Como já estamos em pleno verão, meu irmão me sugeriu utilizar a piscina do condomínio onde ele mora. Resolvi me empenhar, de maneira que hoje aproveitei para fazer umas comprinhas: buquês de cor laranja, azul e verde, bexigas e uma série de enfeites e objetos desnecessários, mas que vão encantar as crianças. O clima já começa a ficar abafado nesta cidade, mas meu estado de ânimo se parece mais com o dos muitos turistas que passeiam pelo centro do que com o de um trabalhador em horário de almoço.

Na porta do magazine, carregada de sacolas multicoloridas, esbarro com Laura, antiga colega de faculdade, que eu não via há pelo menos oito ou nove anos. Embora seu rosto me leve diretamente aos meus anos de escola, seu aspecto é bastante mais formal e maduro. E nem sequer reparo em suas olheiras ou suas rugas para não reconhecer nela que eu também devo tê-las.

– Cris, que surpresa!

– Laura! Você por aqui?! Não estava morando em Valença?

– Sim, sim, continuo morando lá, mas vim visitar meus pais e vou ficar alguns dias por aqui. Trouxe meus filhos, meu marido está trabalhando e eu aproveitando...

– Estão todos bem?

– Sim. Muito atarefada com os gêmeos. E você? Alguém me disse que você tem uma menina, é verdade?

– Sim, se chama Maya, faz aniversário sábado agora, 8 anos; exatamente por esse motivo dei uma saída para comprar umas coisinhas para a festa dela. Se você quiser aparecer com seus filhos, está convidada – na mesma hora mordo a língua. Meu irmão insistiu que não podemos levar mais de vinte convidados, para evitar reclamações dos vizinhos. Acho que já somos umas vinte e cinco pessoas.

– Bom, não posso lhe garantir agora, mas ficaria encantada... e seu marido, continua o mesmo de sempre? Tão ativo?

– Hummm, se você se refere a David, ele não é mais meu marido. A gente se separou há cerca de quatro anos. Mas vivo com meu novo companheiro há alguns meses. O nome dele é Ian.

– Ah... e sua filha mora com vocês?

– Sim. Está conosco, e visita o pai regularmente. David também vive com outra mulher.

– E como é que você encara isso? É complicado, não?

– Não necessariamente. Cada um vive sua própria vida. E meu companheiro assumiu seu papel, da mesma forma que a mulher de David – não preciso contar a ela sobre os nossos desentendimentos quanto à melhor forma de educar Maya. Claro que exige colaboração de ambas as partes, mas não é muito mais difícil do que se vivêssemos debaixo do mesmo teto.

– Me dá um exemplo. Seu companheiro briga com ela quando se comporta mal ou não faz os deveres? – tinha me esquecido que Laura é do tipo que adora xeretar...

– Bem, Ian convive com ela, e é normal que a repreenda quando não se comporta adequadamente. Ele não é o pai dela, mas também participa da sua educação e lhe dá carinho porque compartilha sua vida. É assim que eu encaro as coisas.

– Sim... mas... a autoridade...

– É a autoridade de um adulto.

– E David, sabe como levar essa situação? – Laura continua me espremendo.

– Bem, ele a encara da mesma maneira que eu, quando Maya está com ele e sua mulher, que também exerce esse papel.

Também não vou lhe contar o quanto foi difícil para mim aceitar Cíntia, nem que David também teve seu ataque de ciúme até que Ian, que é do tipo que pega o touro pelos chifres, teve uma conversa com ele. Desde então as peças se encaixaram e agora os atritos, embora existam, são mínimos. O melhor de tudo é que Maya, a quem não deixo de observar para ver como se sente diante de todas as mudanças, é a que mais parece se adaptar a tudo. Às vezes tenho a impressão de que, inconscientemente, foi ela quem contribuiu para desanuviar o ambiente.

– Que bom, Cris, que tudo tenha se resolvido. Tomara que continuem felizes!

– Também espero que sim!

Não, nem tudo é cor-de-rosa, mas temos sido sinceros com nós mesmos e avançamos no caminho de uma boa relação. Quando me despeço de Laura, depois de fazer um resumo de minha vida recente, percebo o quanto as coisas mudaram neste último ano: Maya cresceu, e já é uma menina com quem se pode conversar; sou bem-sucedida no campo profissional e Ian é um excelente companheiro. Nunca conseguirei agradecer-lhe suficientemente pelo esforço de adaptação que fez em relação a mim: mudar de cidade, passar a conviver de repente com uma criança, iniciar um novo negócio... Mas na realidade quem mais mudou fui eu: passei a encarar a vida de frente e sem medo, e com a curiosidade necessária para não me esconder por trás de nada nem de ninguém.

Nesta mesma noite, Ian e eu estamos na cozinha preparando o jantar. Maya no chuveiro, cantando. Aconselhei-a a fazer isso para evitar que utilize esse recurso como trampolim de ideias nefastas como sua mãe. Uma garrafa de vinho sobre a mesa se esvazia em duas taças. Acabo de contar a Ian sobre o encontro que tive com Laura, enquanto misturava todos os ingredientes do arroz superdelicioso que acabo de preparar. Na sala de jantar, a televisão fala em voz baixa para alguém inexistente. Este é meu momento feliz do dia: todos em casa, contando o que aconteceu durante o dia, desfrutando da companhia um do outro. É parte de nossos pequenos rituais.

– Vamos lá, repasse seu planejamento para amanhã: eu como em casa, mas você não – relembra Ian.

– Exato, vou almoçar com o pessoal do patrimônio para discutir esse projeto que estão me oferecendo, mas volto logo em seguida para casa, depois de comprar um presentinho para Maya, claro.

– E eu vou pegar a menina na escola às cinco e meia, dou banho nela, mas vou deixá-la contigo, porque tenho um jantar com o pessoal do Festival de Cinema de Amsterdam, de olho na colaboração que me pediram. Você não tinha compromisso para o jantar, tinha?

– Não. E na quinta-feira eu almoçarei em casa, mas não se esqueça de que à noite vou sair com Eva para um de nossos "momentos mulherzinhas" – arremato eu.

– Quanta coisa...

– Onde você acha que nos encaixarão nas estatísticas? Família nuclear? Casal em segunda união?

– Quer saber? Não importa! – e Ian me dá um de seus lindos sorrisos. Ele diz que é reflexo do meu.

Impresso na gráfica da
Pia Sociedade Filhas de São Paulo
Via Raposo Tavares, km 19,145
05577-300 - São Paulo, SP - Brasil - 2012